AF383343

De Poet

Roger Peiffer

Das Unikat

und 100 gefühlte Gedichte

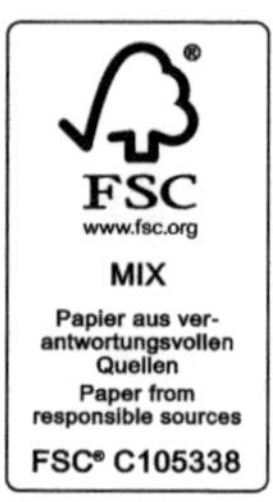

Impressum:

Auflage April - 2015

Copyright © Alle Rechte, auch die des auszugsweisen
Nachdrucks, der Übersetzung und jeglicher
Wiedergabe sind dem Autor des Buches vorbehalten.

Buchumschlag-Bilder:
Vorderseite; Eric Mangen- on Facebook
Rückseite; De Poet- on Facebook
Texte; Roger Peiffer
Grafik; Maité Zeimet
Buchgestaltung; Josiane Berg

Herstellung und Verlag: BoD - Books on Demand,
Norderstedt

ISBN 9783734771583

Die Deutsche Nationalbibliothek verzeichnet diese
Publikation in der Deutschen Nationalbibliographie ;
Detaillierte bibliographische Daten sind im Internet
über www.dnb.de abrufbar.

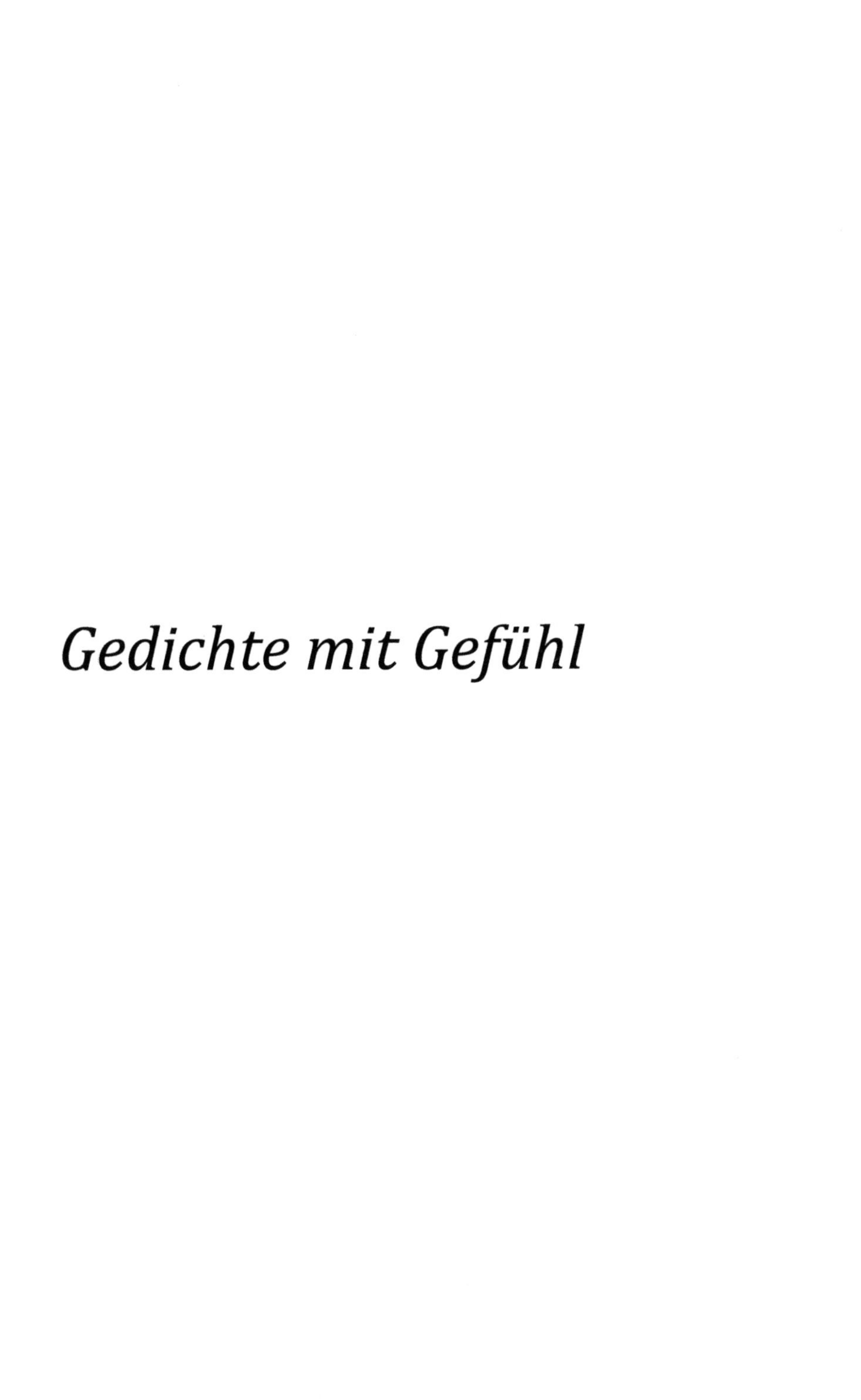

Gedichte mit Gefühl

Inhalt

Vorwort

Meine Freunde nennen mich Rosch, ich wurde am 28.06.1967 in Esch/Alzette (Luxemburg) als dritter Sohn meiner Eltern A. Nungesser und A. Peiffer geboren. Ich habe schon in sehr jungen Jahren mit schreiben angefangen. Es war und ist bis zum heutigen Tag meine Art und Weise mich auszudrücken.
Jedes Gedicht ist gefühlt und mit meinen Emotionen versehen. Dieses Buch könnte man auch als meine Memoiren in Poesieform bezeichnen. Ich habe sehr lange gewartet um mich als Poet zu outen.
Mit zitternden Fingern und schweißgebadet drückte ich irgendwann auf den *Posten* Button.
Wenn ich heute an die ersten Reaktionen zu meinem Outing zurück denke, bekomme ich immer noch eine Gänsehaut. Mir wurde von einer Sekunde auf die andere bewusst dass ich mit meiner Meinung nicht alleine da stehe. Mit jedem Tag und jedem Gedicht wurde der Kreis der Leser immer grösser und sehr viele Freunde hatten den Mut sich öffentlich zu meiner Poesie zu bekennen. Dies motivierte mich so sehr, dass ich in knapp 3 Jahren über 300 Gedichte geschrieben und sehr viele davon im Internet veröffentlich habe.
Einmal ein Buch zu schreiben, ja davon hatte ich in meiner Jugendzeit geträumt. Ich hatte dieses Hirngespinst schon lange aufgegeben, bis meine treuen Leser mich davon überzeugten meinen alten Traum wieder aufleben zu lassen
Mit dieser ersten Ausgabe möchte ich Euch in die Welt meiner Poesie entführen.

Ich wünsche Euch allen viel Freude beim lesen.

Rosch Peiffer

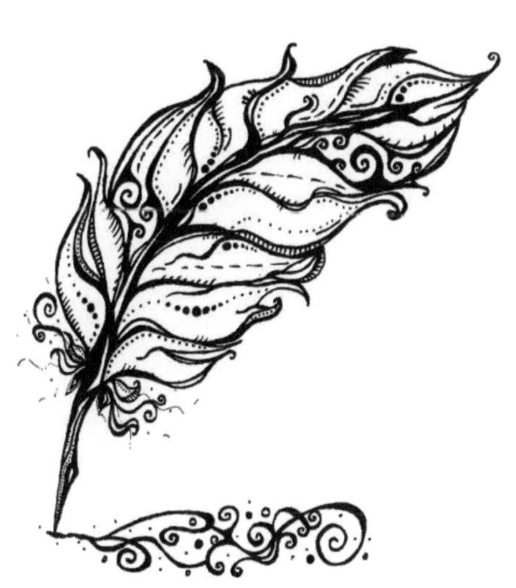

Das Unikat

Wir sind alle aus Fleisch und Blut
Ein Wunderwerk gebaut aus Mut
Aus Liebe macht es am meisten Sinn
Das Wunder Geburt ist nur der Beginn

Ein klaps auf den Hintern ein erster Schrei
Und schon bist du mittendrin du bist dabei
Für die Reise die ein ganzes Leben hält
Ein neues Unikat ist auf dieser Welt

Du hast zwei Augen und zwei Ohren
Zehn Finger und eine Nase zum bohren
Augen zum strahlen und zum weinen
Du siehst mit ihnen die Sonne scheinen

Nur deine Seele
in die kann niemand sehen
Nicht jeder Mensch
wird dich verstehen
Deine Seele hat 1000 Karat
Du bist ein Unikat, ein Unikat

Wir sind alle aus Fleisch und Blut
Ein Wunderwerk gebaut aus Mut
Aus Liebe macht es am meisten Sinn
Das Wunder Geburt ist nur der Beginn

Du hast zwei Lippen und einen Mund
Und wenn du schweigst ,einen guten Grund
Und wenn du flüsterst soll dich kein anderer hören
Niemand dich in deinen Gedanken stören

Du hast zwei Füße und zwei Beine
Du hast zwei Flügel doch die sieht keiner
Sie wachsen nur wenn du die Liebe spürst
Wenn jemand deine Seele berührt

Nur deine Seele
In die kann nicht jeder sehen
Nur ein paar
Sie werden dich verstehen
Deine Seele hat 1000 Karat
Du bist ein Unikat, ein Unikat

„De Poet"

Die Veränderungen, die uns das Leben oft ohne unser Zutun
bietet, eröffnen uns fast immer auch neue Möglichkeiten.
So wie bei mir, die ich nach einer erfüllten Aufgabe als
Landfrau-Hausfrau und Mutter zu meiner heimlichen Liebe,
der Malerei gekommen bin. Nach Jahren des Experimentierens
mit Seide und Aquarell und lernen bei verschiedenen in und
ausländischen Künstlern ist es die abstrakte Malerei in Acryl
die mich fasziniert. In ihr kann ich mich austoben und meine
Träume und Gefühle einbringen und ich lasse mich auch nicht
einzwängen von irgendwelchen Modestylen. Für mich ist nur
wichtig was mich im Herzen bewegt, denn das Leben hält auch
noch jetzt immer wieder neue Träume bereit wenn alte Träume
gehen, und was verbindet Malen mit Poesie? Malen ist Poesie,
mit Farbe und Pinsel auf Leinwand Gebrachte Linien die ab-
grenzen wie im Leben. Farbtupfer die dunkle Seiten erhellen.
Licht das leuchtet und Frohsinn verbreitet. Schwungvolles und
Verschwommenes wechseln sich ab wie Lebensgefühle.
Poesie ist Worte und Gefühle in das Farbenspiel der Poesie
getaucht und niedergeschrieben „De Poet" vermag dies auf
eine einzigartige Weise.
Mit seiner Feder berührt er die Herzen, wühlt unsere innersten
Gedanken auf und zwingt uns zum Nachdenken und überlegen.
Er rüttelt auf und legt die Hand in manche Wunde, kann aber
auch zärtlich sein, liebevoll und verträumt wie in Farbe getaucht,
und Wort für Wort auf das makellose Papier gemalt.

Ein Poet.
Schön dass es solche Menschen gibt auch in unserer
Zeit, die geprägt ist von soviel Unverstand, Hass und Missgunst
„De Poet" lässt uns mit seinen Worten aber trotz allem auch
spüren dass es das Gute und Wertvolle im Leben noch gibt
und die Liebe vieles besiegen kann.
Mich persönlich bewegen seine Worte aufs Tiefste und alles
was uns bewegt, hält uns lebendig.

Ich danke dir „De Poet".

Théa Peschon-Colbach
thea.peschon@web.de

In unserer Bibliothek

Aus einer Haut macht man Leder
Darin wird Papier eingebunden
Vom Leben beschriebene Blätter
Aus vergangenen und erlebten Stunden

Aus einer Silbe wird ein Wort
Aus einem Wort ein ganzer Satz
Schreibst du in einem fort
Findet er auf einer Seite seinen Platz

Momente die man nie vergisst
Erinnerungen die für immer bleiben
Von Menschen die man so sehr vermisst
Kann man ein Kapitel schreiben

Es ist deine eigene Enzyklopädie
Sozusagen dein Lebenswerk
Geschrieben mit Gefühl und Phantasie
Von den meisten nicht einmal bemerkt

Von den wenigen verehrt dafür
In deinem Buch von dir zitiert
Sie haben dich in deinem Herz berührt
Dich begleitet und sind ein Teil von dir

In deiner Bibliothek gut aufbewahrt
In deinem Herzen für immer eingebrannt
Mit schönen Bildern aus jedem Jahr
Und wer du bist darin erkannt.

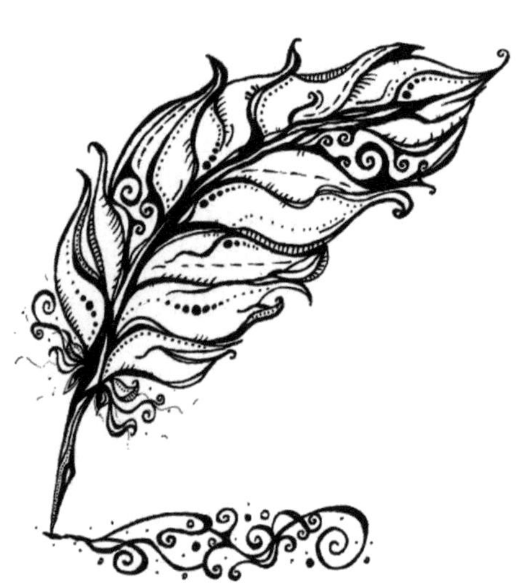

In der Toleranz

Egal wie sehr du dich bemühst
Mit wem du deinen Frieden schließt
Perfekt sein ist eine Utopie
Ein Streich deiner eigenen Phantasie

Menschen gehen Menschen kommen
Ein paar Herzen hast du für dich gewonnen
Einige würden dich auf Händen tragen
Andere werden dich zum Teufel jagen

Nicht jeder wird immer zu dir stehen
Die Tür geht auf und sie werden gehen
Sie aufzuhalten macht hier keinen Sinn
Reisende zieht es zu anderen Ufern hin

Das Zauberwort nennt sich Respektieren
Hat man auch Angst etwas zu verlieren
Kann man keinem seinen Weg beschreiben
Niemanden zwingen einfach da zu bleiben

Mit etwas Herzblut und mit viel Verstand
Die Finger angesengt jedoch nicht verbrannt
Lassen wir der Entwicklung ihren Lauf
Nehmen dafür die Wahrheit in Kauf

Fühlen wir uns auch dadurch verlassen
Wäre es falsch jemanden dafür zu hassen
In unserem Streben nach Akzeptanz
Gewinnt unter dem Strich die Toleranz

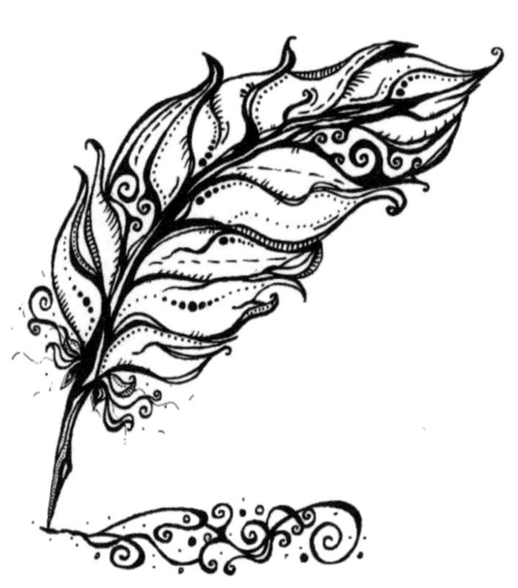

Sozusagen

Jeder Mensch hat einen guten Kern
Es ist vor allem Glück was er sucht
Ein paar Wörter wie „ich hab dich gern"
Davon bekommt er niemals genug

Einen Menschen der ihn versteht
Und wenn es sein muss Beine macht
Mit einem Mittelpunkt um den es geht
Wie in einem Roman für ihn ausgedacht

Sozusagen dreht es sich nur um Gefühl
Liebe vermittelt eine gewisse Sicherheit
Riskiert er dafür auch manchmal viel
Lohnt es sich weil es ihn befreit

Überzeugt davon und unbeirrt
Beseelt die größeren Schritte macht
Sich hingibt und das Leben ausprobiert
Vom Herzen in die richtige Spur gebracht

Dazu begnadigt nur er selbst sein
Um aus purer Lust jeden Sinn zu teilen
Mit offenen Augen in den Lebenstraum hinein
Um seinen Platz zu finden um auch da zu bleiben

Sozusagen für immer etwas Rücksicht nimmt
Ein Tummelplatz für manchen Kompromiss
Um zur Stelle zu sein wenn es wirklich gilt
Sozusagen das wichtigste niemals vergisst

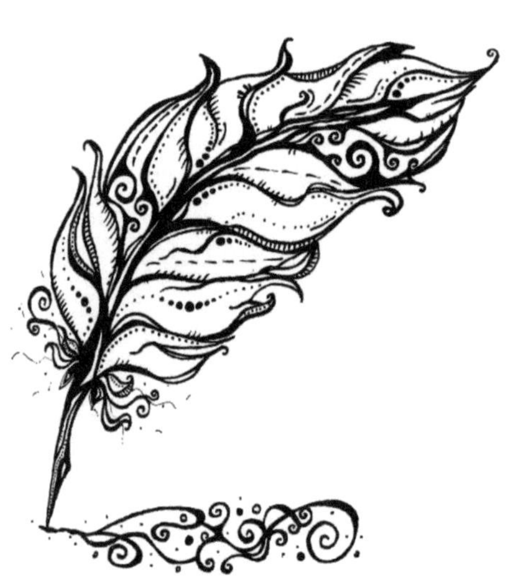

Was übrig bleibt

Ein Gefühl der Leere
Alles ist so ungewohnt
Eine kalte Atmosphäre
Unverschont und Monoton

Sich selber wiederfinden
Vorher war man wie geteilt
Die Einsamkeit jetzt überwinden
Bis die Zeit die alten Wunden heilt

Es gilt sich zu befreien
Den alten Mantel abzulegen
Zu vergeben und zu verzeihen
Man geht jetzt auf getrennten Wegen

Noch etwas leicht benommen
Sich langsam herangetastet
An Mut ständig dazugewonnen
Weil der Abstand einen entlastet

Die alte Haut wird abgeschält
Bis man sich selber wieder liebt
Auf den Füssen steht und überlegt
Was es noch zu entdecken gibt

Die Freiheit die man dann genießt
Dabei eine neue Geschichte schreibt
Mit sich und der Welt den Frieden schließt
Ist Stolz das was für einen übrig bleibt

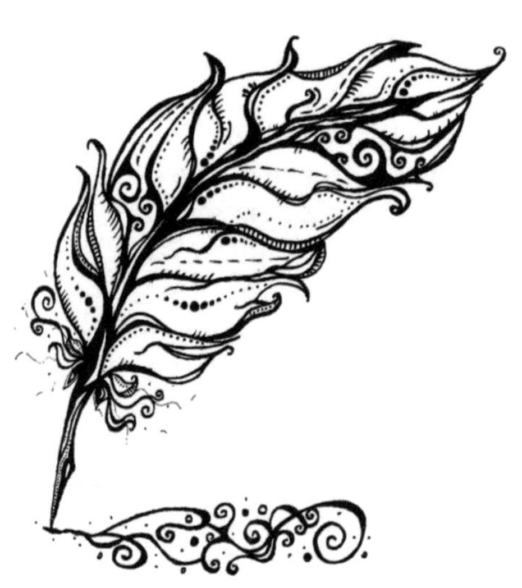

Wunden

Wir geben zu mitunter zu betrügen
Dass wir manchmal die Unwahrheit sagen
Um einen Menschen zu verschonen lügen
Im glauben er kann sie nicht ertragen

Wir wollen niemanden vexieren
Unmut macht auch mal Freunde blind
Damit diese nicht den Halt verlieren
Und weil wir selber so verletzlich sind

Nicht jeder kann unsere Welt verstehen
Weil er anders ist und anders denkt
Er kann sie nicht mit unseren Augen sehen
Von sich selbst zu sehr abgelenkt

Wir geben nicht zu wenn uns etwas plagt
Wir sind Spezialisten im kaschieren
Wenn jemand wie geht es dir dich fragt
Aus der Angst heraus sich zu blamieren

Wenn wir am Ende sind mit unserem Latein
Machen wir eine gute Miene zum bösen Spiel
Bleiben unehrlich und wir machen uns klein
Die Wahrheit wäre ja auch vielleicht zu viel

Haben wir es verlernt einfach Mensch zu sein
All Leiden und nicht nur das Glück zu teilen
In dieser Welt fühlen wir uns oft allein
Und so entstehen die Wunden die nie heilen

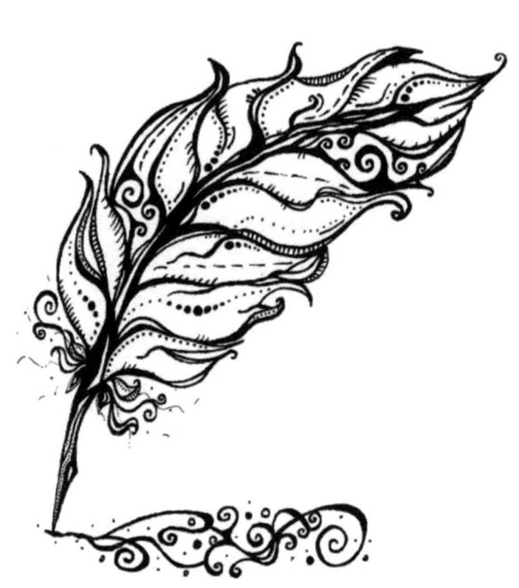

Die Lust

Du hast Kerzen angefangen
Eine Flasche Bordeaux steht auf dem Tisch
Dein Blick ist voller verlangen
Ehrlich und einfach aufrichtig

Dein Kuss ist nicht gespielt
Du fragst ob ich mich nach dir sehne
Deine Gestik verspricht so viel
Und für den Rest des Abends hast du Pläne

Du schaust mir tief in meine Augen
Es ist unmöglich dir zu wiederstehen
Ich lasse meine Seele bei dir baumeln
Ich kann schon die ersten Sterne sehen

Zufrieden darüber dass es so ist wie es ist
Über dieses Band das uns verbindet
Stolz darauf dass du so glücklich bist
Und dass wir uns immer wiederfinden

Genießen wir jede Sekunde jeden Moment
Überwältigend zieht es mich zu dir
Nur etwas Stoff das uns vom Himmel trennt
Unser Verlangen hält uns nicht mehr hier

Wir lassen den Abwasch einfach stehen
Laufen Hand in Hand die Treppen hinauf
Weil wir uns lieben lassen wir uns gehen
Ungebändigte Lust nimmt ihren Lauf

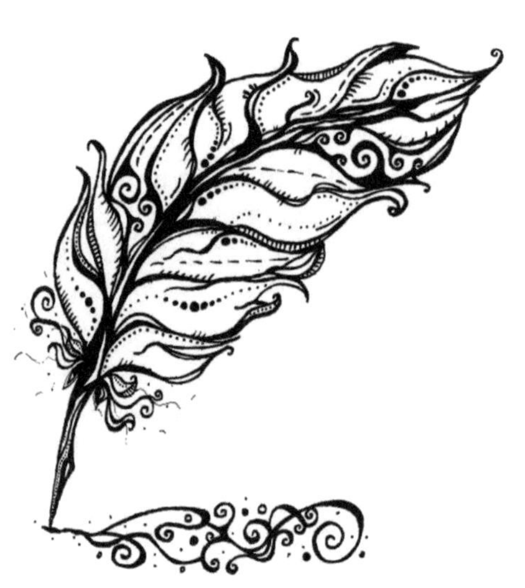

Glücklich und zufrieden

Hast du noch nie gespürt
Wenn jemand an dich denkt
Von aller Sehnsucht angeführt
Die dir all diese Gefühle schenkt

Wie du bist hast du fasziniert
Jemand hat deine Seele erkannt
Da ist ein Herz von dir berührt
Es hat deinen Namen nur genannt

Wie ein Magnet von dir angezogen
Da kommt man dann nicht mehr los
Die Vergangenheit ist wie verflogen
Und die Hoffnung auf einmal riesengroß

Hast du dich noch nie dabei erwischt
Wenn die Morgensonne dich erweckt
Dass ein Traum dir von Liebe spricht
Und du instinktiv den Arm ausstreckst

Den Kopf voll mit schönen Gedanken
Und sie kommen immer wieder zurück
Sie weisen deine Geduld in ihre Schranken
Und verführen dich zu deinem Glück

Es sind so liebevoll gemalte Illusionen
Sie schwirren pausenlos in dir herum
Phantasievoll sind deine Visionen
Doch das Ungewisse bringt dich fast noch um

Es bringt dich gleich um den Verstand
Und du spürst was du so sehr vermisst
Nimmst allen Mut mit deiner Hand
Damit du zufrieden und unendlich Glücklich bist

Wir zwei im Schnee

Wir zwei alleine auf Tour
Zeit um uns näher zu kommen
Ein Spaziergang in der Natur
Wir sind beide unvoreingenommen

Unschuldig weiß so wie der Schnee
Unbefleckt darauf entlanggeschritten
Mit viel Respekt auf diesem Weg
Es knistert nicht nur unter unseren Schritten

Der gute Wille ist klar zu spüren
Verliebtheit hat sich bereit gemacht
Den Kopf voll mit Liebesschwüren
Unser Gefühl hat uns hierhin gebracht

Wir debattieren über das Leben
Wobei jede Silbe eine Bedeutung hat
Über die Erfüllung nach der wir streben
Ehrlichkeit begleitet dabei jeden Satz

Wenn wir von unseren Träumen erzählen
Mit welchen Gespenstern wir uns plagen
Welche Partei wir aus Überzeugung wählen
Welche Menschen wir in unseren Herzen tragen

Von Zärtlichkeit die wir so sehr vermissen
Voller Verlangen das ich in deinen Augen sehe
Halte ich dich fest und zögere kein Bisschen
Eine neue Geschichte beginnt mit uns zwei im Schnee

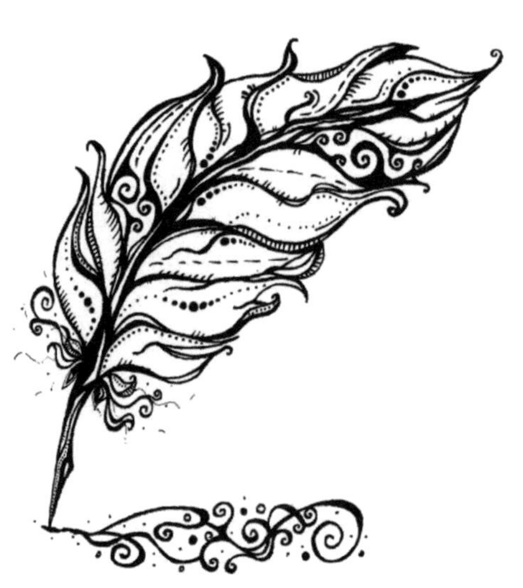

Im Labyrinth

Es ist schon spät es ist zu still
Keine Dämme die brechen
Jedes nicht gesagte Wort zu viel
So wie ein leeres Versprechen

Beieinander und dennoch allein
In zwei verschiedenen Welten
Weit entfernt zusammen zu sein
Um als eine Einheit zu gelten

Die Zeit verrinnt frustriert
Jeder Traum und alle Visionen
Vom Alltag radikal kastriert
Schonungslos ohne Erektionen

Übertölpelt zu sehr forciert
In blinder Eile ins Labyrinth
Vom Traum zu sehr diktiert
Davon geflogen mit dem Wind

Der Ausgang noch unentdeckt
Man muss Hürden überschreiten
Mit einem Ziel das alle Geister weckt
Mit dem Herzen lässt man sich leiten

Überbrückt so manche Trockenzeit
Bis warme Tropfen auf die Seele regnen
Und man merkt es ist nicht mehr weit
Um seiner Zukunft zu begegnen

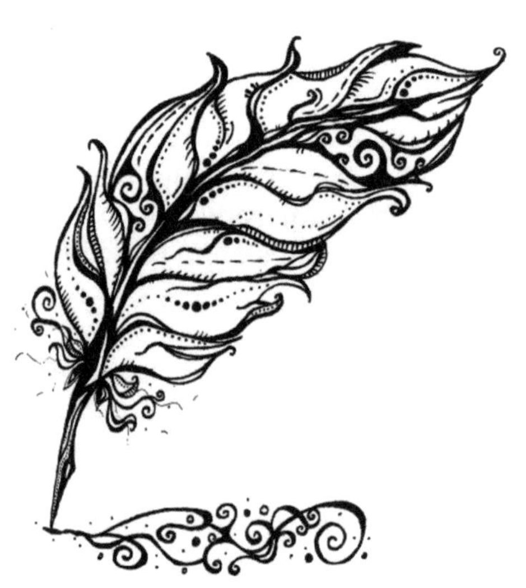

Weit weg vom Schmerz

Vom fallen lernen Kinder gehen
Das zieht sich über das ganze Leben hin
Weil manches schwer fällt zu verstehen
Steht uns das Wasser mal bis zum Kinn

Der Grund bleibt uns manchmal verborgen
Eine Frage auf die niemand eine Antwort kennt
Eine Lebenserfahrung im Leid geboren
Eine weitere Narbe die man sein eigen nennt

Die Hoffnung geht nie ganz verloren
Weil wir Menschen mit Gefühlen sind
In unserer Einzigartigkeit dazu erkoren
Macht die Euphorie uns auch manchmal blind

Wir bleiben nie lange auf dem Boden liegen
Weil die Zeit uns peitscht und weitertreibt
Wir schließen mit uns selbst den Frieden
Und nehmen mit was für uns übrigbleibt

Die Flügel gestutzt wie wohl weitermachen
Doch so schnell sind wir nicht klein zu kriegen
Aus Tränen wird nach einer Zeit ein Lachen
Und irgendwann können wir weiterfliegen

Mit abgeschundenem Herzen weiterleben
Vor lauter Erfahrungen fast ausgemerzt
In Euphorie immer der Sonne entgegen
In die Zukunft hinein weit weg vom Schmerz

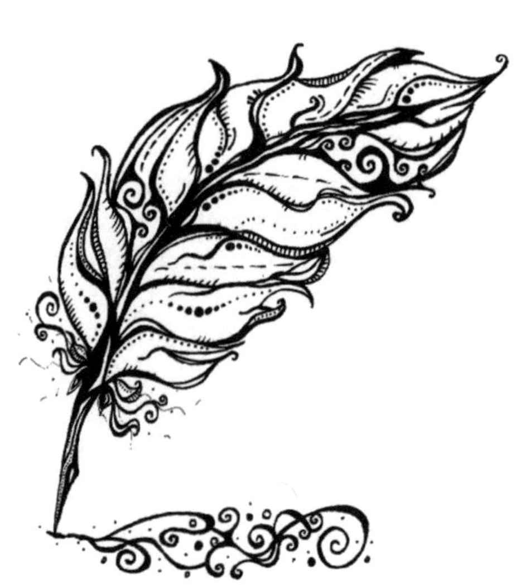

Der Engel

Der Engel der dich begleitet
Egal wo du auch immer gehst
Wie dein Schatten mit dir schreitet
Dich beschützt und dich versteht

Welcher dir in dein Gewissen spricht
Hast du dich auch einmal verflogen
Verlässt er deine rechte Seite nicht
Denn er ist für dich auserkoren

Er erzählt dir wie wertvoll Vertrauen ist
Dass man dies mit Geld nicht bezahlen kann
Dass seine Flügel nur wachsen weil du es bist
Weil all sein Zweifel bei dir verschwand

Er hat mit Liebe nur dich ausgesucht
Denn er hat nur auf sein Herz gehört
Eine Lebensreise für euch zwei gebucht
Weil jeder seiner Sinne auf dich schwört

Dein Engel fliegt nur mit dir allein
Wohin auch immer es dich hinzieht
Grenzenlos hinaus aus der Einsamkeit
Wie in einem Traum in dem man sich verliert

Und wenn deine Hand seinen Flügel hält
Kannst du spüren was euch zwei verbindet
Weil du zufrieden bist mit Eurer Welt
Und weil man nicht jeden Tag einen Engel findet

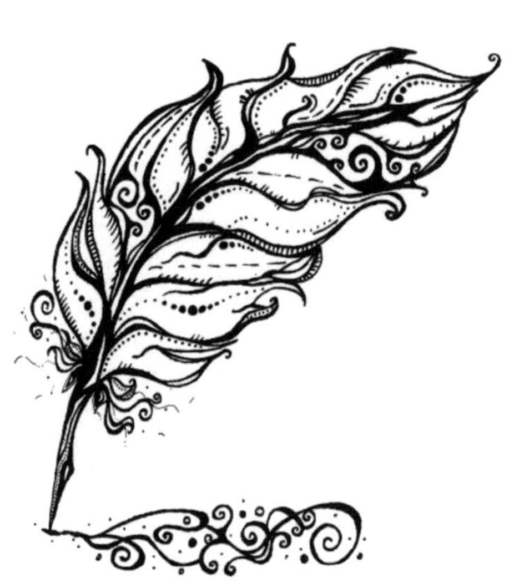

Unter dem Regenbogen

In einem kleinen Campingzelt
Unter der Decke nur wir zwei
Hat viel Lust sich angemeldet
Und das Gefühl war auch dabei

Dunkle Wolken ziehen auf
Der Regen spielt uns ein Lied
Die Leidenschaft nimmt ihren Lauf
Und was muss sein mit uns geschieht

Es riecht nach Natur und unserem Duft
Ich lasse mich davon berauschen
Ich atme euch ein dich und die Luft
Würde grad mit niemandem tauschen

Es ist ein Moment so pur und rein
Unübertrefflich real voller Stimulanz
Weil mein Herz sich mit dir vereint
Ein Feuerwerk nimmt uns bei der Hand

Wenn alle unsere Bedürfnisse gewinnen
Weil die Liebe unseren Hunger stillt
Bilder im Kopf die nie mehr verschwinden
Eine Einzigartigkeit die uns niemand nimmt

Unter dem Regenbogen der uns begrüßt
So als würde er uns für immer segnen
An diesem Tag unser Empfinden küsst
Voller Vorfreude uns wieder zu begegnen

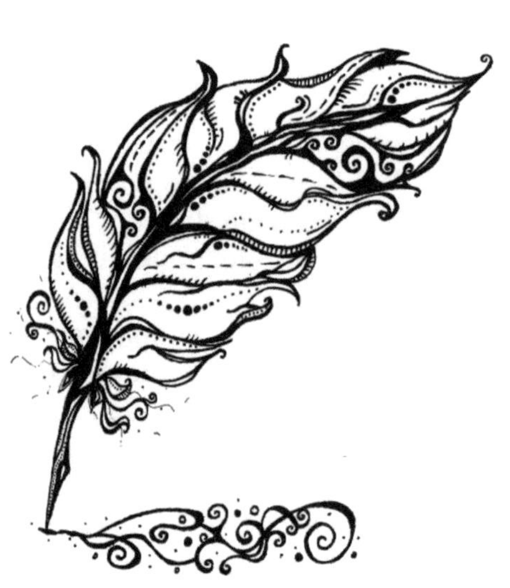

Sieben Sinne

Es ist ein Genuss dich anzusehen
Deine Silhouette ist wie gemalt
Deine Augen die nach Liebe flehen
Ich hatte nur kurz einen Blick gewagt

Deine Wörter lassen mich vibrieren
Weil in deiner Stimme so viel wärme ist
In deinen Visionen kann ich mich verlieren
Da jeder Satz von dir einen Sinn ergibt

Und wie du duftest das ist verrückt
Dein Parfüm zieht mich wie magisch an
Jede Einzelheit ist bei dir geglückt
So berauschend mich süchtig machen kann

Mit allen Sinnen kann ich dich spüren
Ich kann empfinden wie es dir geht
Du lässt dich mit Zärtlichkeit verführen
Weil deine Welt sich um Gefühle dreht

Wenn wir uns küssen wenn wir uns kriegen
Wenn unsere Lippen zusammenfinden
Wenn wir uns schmecken uns ausprobieren
Wenn wir uns in Leidenschaft verbinden

Nicht nur aus Lust sondern mit ganzem Herzen
Welches uns unser Abenteuer beschreibt
So wie ein Leuchten von tausend Kerzen
So wie das Verlangen das für immer bleibt

In deiner Spur und wie neugeboren
Weil jeder Sinn nur für dich spricht
Hatte ich meinen Weg auch fast verloren
Bringst du mich wieder in mein Gleichgewicht

Ich brauche nicht viel

Etwas Piano, schummriges Licht
Ein warmes Nest schön eingerichtet
Ein liebes Wort, ein Glas roten Wein
Und dich in meinem Arm bei Kerzenschein

Ich bin ganz einfach
Ich brauche nicht viel
Nur etwas Glück
Und ein gutes Gefühl

Deine Präsenz die mich erfreut
Um mich herum einen guten Freund
Der mir mal auf meine Schulter schlägt
Der genau weiß was mich bewegt

Ich bin ganz einfach
Ich brauche nicht viel
Etwas Zuneigung
Und viel Gefühl

Eine kleine Massage auf meinem Rücken
Ein liebes Wort kann mich entzücken
Ein kleiner Kuss auf meinen Mund gehaucht
Ist genau das was ich manchmal brauche

Ich bin ganz einfach
Ich brauch nicht viel
Deine Hand die mich hält
Mit viel Gefühl

Ein gutes Essen mit dir am Tisch
Voller Zufriedenheit verinnerlicht
Dein Lachen welches den Abend krönt
Dein Anblick welcher mich verwöhnt

Ich bin ganz einfach
Ich brauche nicht viel
Nur deine Liebe
Und dein Hochgefühl

Meine Quelle

Das Wasser sucht sich seinen Weg
Warum erinnert es mich an dich
Dein Atemhauch auf meinen Lippen klebt
Mein Hoffnungsschimmer in mir verinnerlicht

Die Explosion von meinem Gespür
Weil du berührst mich mit deinem Verstand
Und so lasse ich mich von dir verführen
Um mit dir zu fliegen um in dir zu landen

Ich lasse mich zu deiner Quelle führen
Überschreite Gipfel und Täler bis zu deiner Schlucht
Um den Mittelpunkt mciner Welt zu berühren
Wertvoll wie ein Schatz den man seit langem sucht

Keine Wörter können dieses Glück beschreiben
Wird der Natur ihren freien Lauf gelassen
Bei deiner Quelle werde ich für immer bleiben
Diesen meinen Ort kann ich nie verlassen

In deinem Wasser welches mich befreit
Weil es mich erregt und den Durst mir stillt
Meine Lebensquelle für meine Ewigkeit
In deinem Ursprung warm eingehüllt

In deinem Strom in dem ich schwimme
In deinen Sögen lasse ich mich leiten
Ich lasse mich von deinem Lauf bestimmen
Ich werde dich begleiten für alle Zeiten

Weil du meine Quelle bist

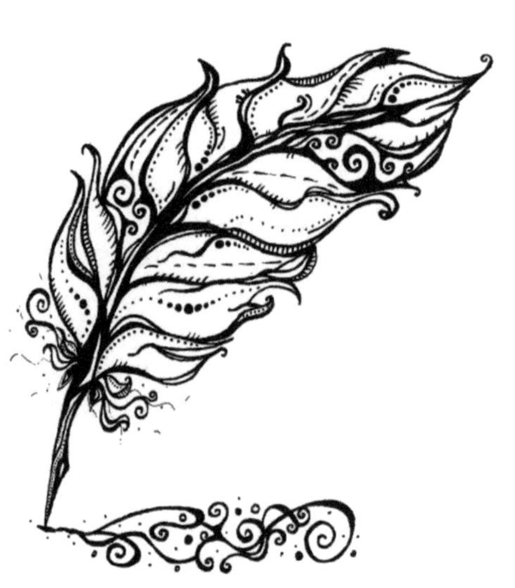

Jeder Mensch

Jeder Mensch hat sein Gefühl
Sozusagen sein Berater
Glücklich sein ist was jeder will
Warmes Blut fließt durch unsere Adern

Jeder Mensch braucht ein Ziel
Dieses ist mit Liebe verbunden
Kein Umweg ist dafür zu viel
Quält man sich auch in manchen Stunden

Jeder Mensch braucht etwas wärme
Der Winter kommt ja irgendwann
Wenn jemand sagt ich hab dich gerne
Ein Mensch auf den man sich verlassen kann

Jeder Mensch sucht nach vertrauen
Nach einem Freund der dich versteht
Sich Zeit nimmt um nach dir zu schauen
Welcher in schlechten Zeiten bei dir steht

Jeder Mensch hat sein Kreuz zu tragen
Im Leben bekommt man nichts geschenkt
Wir müssen uns alle manchmal plagen
Wenn manches am seidenen Faden hängt

Jeder Mensch spielt mal einen Clown
Seine waren Gefühle zeigt er uns nicht
Es ist dann schwer ihn zu durchschauen
Durch die gemalte Fassade auf seinem Gesicht

Jeder Mensch fürchtet sich vor Kriegen
Vor Ausnutzung und Ungerechtigkeit
Wir können alle zusammen die Angst besiegen
Mit Toleranz mit Liebe und mit Menschlichkeit

Wundervoll

All die Gedanken die du dir machst
Schließen alle deine Lieben ein
Es ist dein Traum den du bewachst
Deine Balance und dein eigenes sein

Du küsst alles Zweifelhafte weg
Spielst Räuber und Gendarm mit mir
Du dirigierst mich in dein Versteck
Und jedes Wort das glaube ich dir

Weil dein Gefühl mich ummantelt
Genieße ich diese Schwerelosigkeit
Weil du mich mit Zärtlichkeit behandelst
Emotional den wahren Weg beschreibst

Ich kann Sterne sehen und deine Visionen
Keine Einzelheit die mir nicht gefällt
Ich will für immer in deinem Herzen wohnen
Voller Harmonie in unserer kleinen Welt

Weil mein Leben ohne dich Sinnlos wäre
Weil dein Anblick mir den Atem raubt
Weil du die Luft bist in meiner Atmosphäre
Weil ich dich Liebe und an dich glaube

In Zufriedenheit die immer wiederkehrt
Weil alles so ist wie es auch sein soll
Mit meinem Verlangen der sich nach dir zehrt
Weil du Himmlisch bist einfach Wundervoll

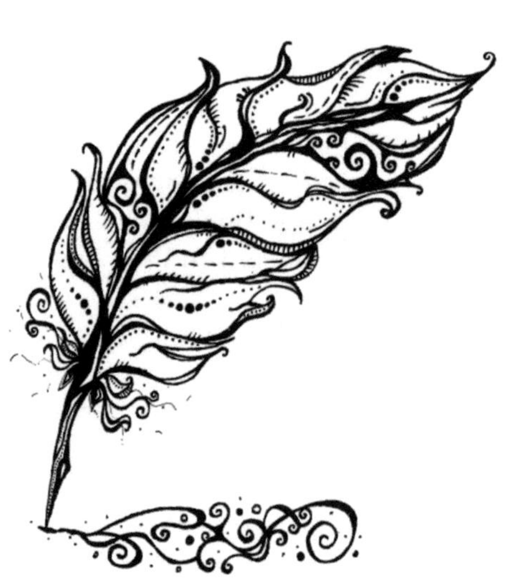

Fühl dich frei

Ungezwungen in dich eingedrungen
Die Naivität hat dich missbraucht
Mit Zweifeln dich überwunden
An das Unmögliche hast du geglaubt

Jetzt musst du leiden denn es tut weh
Weil jeder Traum seinen Halt verliert
Du spürst dass es so nicht weitergeht
Weil Winter ist und dein Sinn erfriert

Holz im Ofen jedoch kein Feuerstein
Deine Welt um dich ist wie vereist
Keine Hoffnung mehr auf Sonnenschein
Während dein Herz vor Sehnsucht schreit

Die Unzufriedenheit kommt angekrochen
Stellt bei jeder Gelegenheit dir ein Bein
Sie redet auf dich ein seit ein paar Wochen
Und du hörst ihr zu während du weinst

Dir nichts mehr bleibt außer zu gestehen
Dass dieses Leben nicht dein eigenes ist
Deine Entscheidung wird nicht jeder verstehen
Weil du einzigartig und nur du selber bist

Wenn es dir nur noch in deine Seele regnet
Und du hast keinen Regenschirm dabei
Laufe davon bis das Glück dich segnet
Dir begegnet und dir sagt fühl dich frei

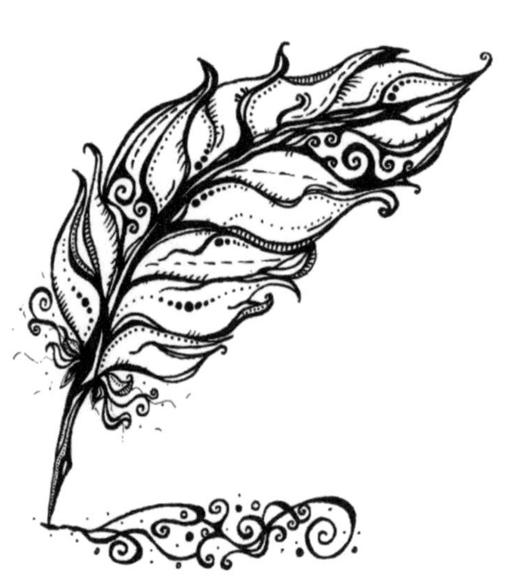

Ich verschenke mich

Ich schenke dir mein Gehör
Erzähle mir was dich plagt
Ich möchte nur die Wahrheit hören
Jedes Wort nur mit dem Herzen gesagt

Ich schenke dir mein Lachen
Ich hoffe dass es dich befreit
Ich möchte dich glücklich machen
Ich erlöse dich von deinem Leid

Ich schenke dir mein Gefühl
Weine dich ruhig bei mir aus
Ist dir deine Umgebung grad zu viel
Schenke ich dir Zuflucht in meinem Haus

Ich schenke dir meine Hand
Wenn du willst darfst du sie behalten
Ich schenke dir meinen Verstand
Meine grauen Haare und alle Falten

Ich schenke dir meinen Arm
Du darfst mich ganz fest drücken
Mein Verständnis hält dich warm
Denn Geborgenheit baut Brücken

Ich schenke dir meinen Sinn
Meine Art und Weise um zu überleben
Ich erkläre dir warum ich so bin
Und nach was es sich lohnt zu streben

Ich gehöre dir.

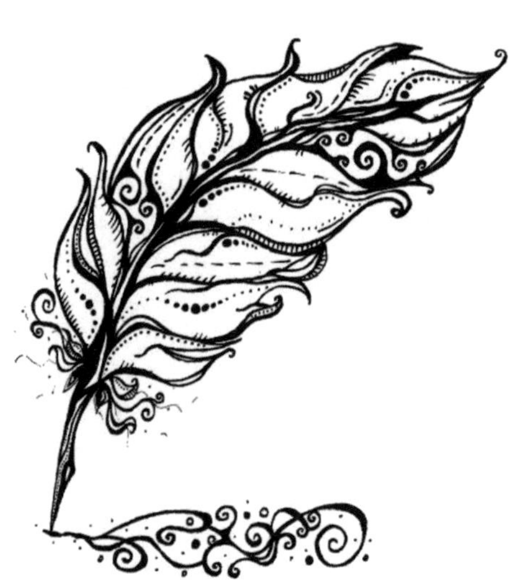

Blind wie eine Eule

Meine Tastatur ist wie ein Piano
Jedes Gedicht ist wie angefühlt
Gelebt und geschehen im irgendwo
Die Enttäuschungen im Regen weggespült

Nur ein paar Tropfen nur Stolpersteine
Von der Gier in die Irre geführt
Nicht ganz bei Trost zu viel alleine
Ausgesaugt und zum König gekürt

Gesucht und unfassbares gefunden
Wie Glibber der durch die Hände rinnt
Die ganze Nacht sich abgeschunden
Bis im Morgengrauen die Realität gewinnt

Betäubt und von der Wahrheit abgelenkt
Übrig bleibt eine berauschende Trophäe
Nicht das Herz nur den Körper kurz verschenkt
Und ein Lächeln wenn wir uns begegnen

Wie ein Hauch den man leicht verspürt
Ein einzelner Sonnenstrahl im Schatten
Wie ein Fremder der einen kurz berührt
Mit keiner Geschichte weil wir keine hatten

Abenteuerlustig und sich so oft verflucht
Die falschen Antworten auf die falschen Fragen
Blind wie eine Eule die sein Opfer sucht
In diesen Nächten im Mondschein um zu jagen

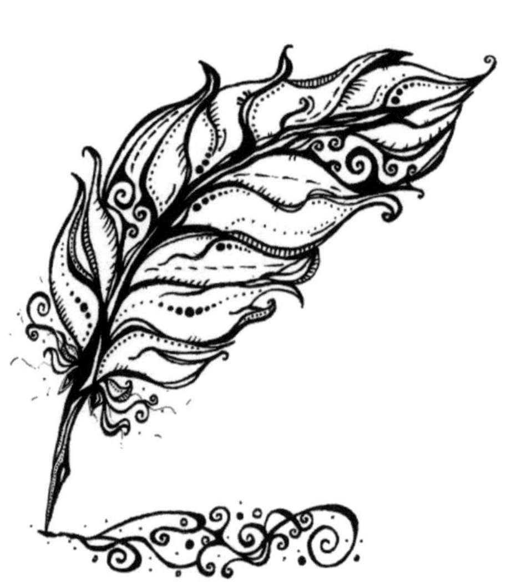

Empfinden

Wenn ich dich genau betrachte
Während mein Herz Sprünge macht
Verschmelze ich ganz sachte
Mein Gefühl hast du mir zurück gebracht

Du bist die Erfüllung aller Träume
Du treibst Sie alle aus mir heraus
Du hilfst mir meine Vergangenheit aufzuräumen
Während du verständnisvoll mir vertraust

Wenn ich so nahe bei dir stehe
Wie von selbst nimmst du meine Hand
Jeder Schritt den wir gemeinsam schweben
Bringt vor Glück mich um meinen Verstand

Ich will dich behüten und dich Ehren
Ich nehme mir vor es mit dir zu übertreiben
Gegen diesen Drang kann ich mich nicht wehren
Ich werde Gedichte in unserem Namen schreiben

Mit Küssen lasse ich mich von dir dirigieren
Umhüllt von vollendeter Zärtlichkeit
Der Lust bewusst mich in dir zu verlieren
Fällt der Entschluss für alle Ewigkeit

Keine Angst kein Trauma kein bedauern
Keine Ausflüchte um Zeit zu schinden
Es gibt nichts mehr worum es sich lohnt zu trauern
Was bleibt ist ein unglaubliches Empfinden

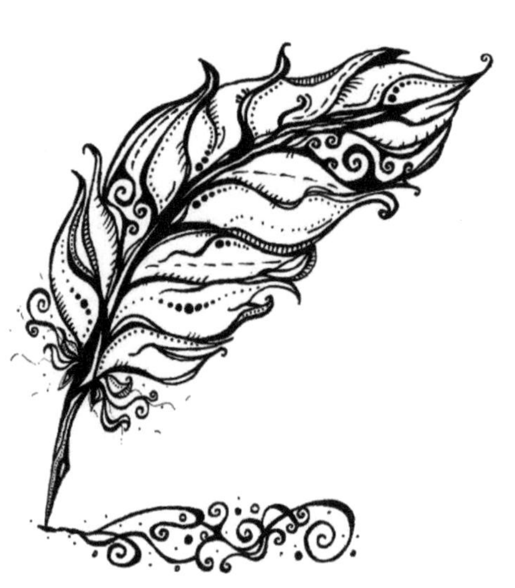

Hör nicht auf mich zu berühren

Ich habe dich so lange gesucht
Ich hatte die Hoffnung fast verloren
Ich habe mich selbst so oft verflucht
Durch dich fühle ich mich wie Neugeboren

Du öffnest in mir alle Türen
Ich kann fühlen dass einfach alles stimmt
Du bist meine Meisterin im Verführen
Was dir gehört du dir auch nimmst

Ich ergebe mich ich bin besessen
Ich schenke dir all mein Vertrauen
Keine andere Frau kann sich mit dir messen
So liebevoll mir in meine Augen schauen

Uns verbindet dieselbe Philosophie
Du berührst mich so unglaublich tief
Du beflügelst meine Phantasie
Vollkommen ist wenn du mich liebst

Wenn dein Sein sich nach mir verzehrt
Gleicht unser Leben Naturgewalten
Weil jeder sich nimmt was er begehrt
Um behutsam in seinem Arm zu halten

Süchtig danach dich anzusehen
Ich werde dich zu meiner Göttin küren
Wir lassen die Welt nur um uns drehen
Ich will dich für immer und ewig spüren

Hör nur nicht auf mich zu berühren

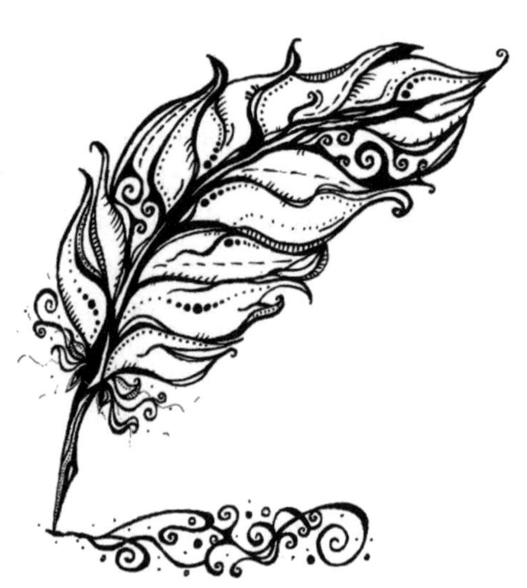

Im Namen von

Was wollen die von mir
Muss ich das verstehen
Manipulieren die mein Gehirn
Muss ich die Welt mit Ihren Augen sehen

Wo bin ich hineingeboren
Ich dachte jeder Mensch sei gleich
Wer hat bloß den Verstand verloren
Wann ist der Gipfel der Dummheit erreicht

Dies nennt sich unsere Religion
Nach meiner Meinung wurde ich nicht gefragt
Denn sie gehört zu unserer Tradition
Wurde mir kurz und knapp gesagt

Die Vorteile wurden mir beschrieben
Das blaue vom Himmel herunter gemalt
Jede Geschichte war so übertrieben
Du bist Katholik wenn jemand fragt

Als Kind kann man sich nicht wehren
Naiv seinen Lieben das Vertrauen schenkt
Sie „Im Namen von" dich belehren
Mit Gehirnwäsche in Ihre Spur gelenkt

Egal auf welchem Pfad ich schreite
An was ich glaube zu wem ich bete
Ich lasse mich von meinen Gefühlen leiten
Es ist der Weg meines Herzens auf dem ich gehe

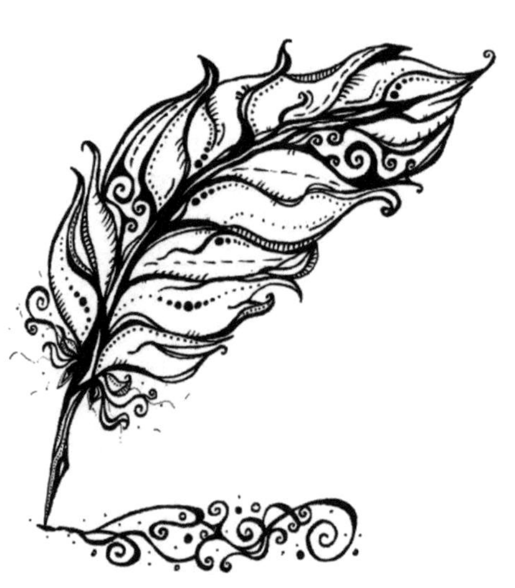

Ohne auch nur ein Wort zu sagen

Wir sitzen auf einem Stein
Mit den Füssen im Meer
Bedauern gibt es keinen
Ich gebe dich nicht mehr her

Du nimmst mich bei der Hand
Streichelst mich eine Ewigkeit
Malst ein Herz mir in den Sand
Und du küsst mich von Zeit zu Zeit

Ich spüre dass du im Frieden bist
Mit dir selbst und unserer Welt
Wir haben uns so lange vermisst
Es ist dieses Leben das uns gefällt

So hatten wir uns das erträumt
Die Hoffnung haben wir nie aufgegeben
Unser Herz nur manchmal aufgeräumt
Etwas Platz gemacht um aufzuleben

Wir sind wie ein Puzzle aus zwei Teilen
Was sich so einfach verbinden lässt
Du bist das Papier für alle meine Zeilen
Die Königin auf meinem Podest

Und so sitzen wir zwei am Meer
Ohne auch nur ein Wort zu sagen
Ich gebe zu ich liebe dich so sehr
Und möchte dich auf meinen Händen tragen
Ohne auch nur ein Wort zu sagen.

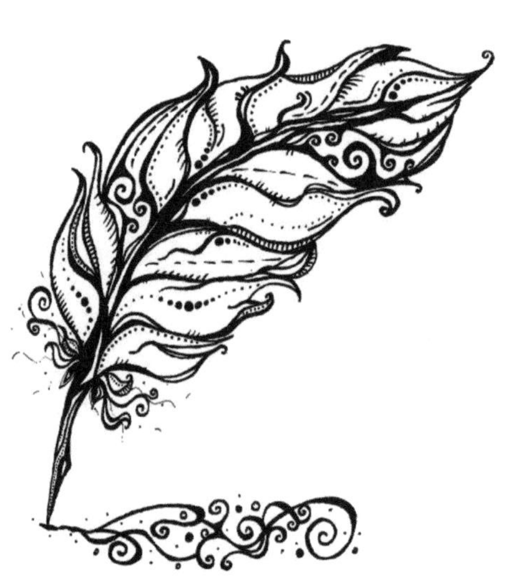

Zauberin

Du hast mich verändert mich entzückt
Und bist mir einfach ganz nah gerückt
Du fühlst dich ganz tief in mich hinein
Um mir so nahe wie möglich zu sein

Du bist mein Regenschirm wenn es Plätschert
Meine warme Jacke bei kaltem Wetter
Mein Beschützerin in der Dunkelheit
Dort wo mein Verlangen ist bist du nicht weit

Du kannst mich auf tausend Kilometer spüren
Mit deiner Zauberhand mich überall berühren
So als ob du stets wüsstest was ich grade denke
Wenn ich dir alleine meine Gedanken schenke

Und wenn ich mit offenen Augen träume
Erfüllst du meine Sehnsucht und alle Räume
Umarmst mich mit deiner Vollkommenheit
Nimmst mir alle Ängste und jedes Leid

Findest zu allem immer die richtigen Worte
Du begleitest mich an meine Lieblingsorte
Und du besänftigst mein wildes Gemüt
Wenn du mich ansiehst und ich deine Liebe spüre

Und wenn du mir in meine Augen siehst
Bin ich dein Buch das sich von alleine liest
Du weist am besten wer ich denn wirklich bin
Ich liege dir zu Füssen du meine Zauberin

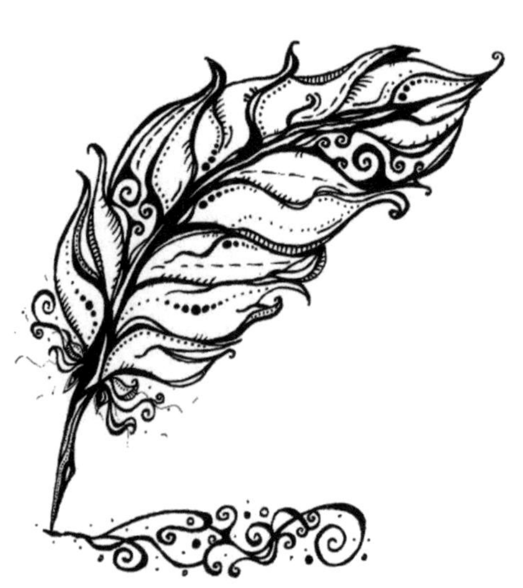

NIBO

Nico Bouché
Kunstmaler aus Luxemburg
Geboren 1952 in Ettelbrück Lux

Ausbildung zum Maler und Anstreicher
Dekorateur Schriftenmaler Raumgestaltung
Objektgestaltung Gesellenbrief und Meisterprüfung,
ab 1975 Selbstständiger Anstreicher mit eignem
Betrieb
Seit 2008 freischaffender Kunstmaler.
Hobbies: Kultur Malerei Musik Lesen Malen Reisen
Seit 1992 an 30 Ausstellungen teilgenommen.

Meine Begegnung mit dem Autor und Schreiber
dieses Buches.

„De Poet"

Es war mir eine große Ehre und eine große Freude
2014 den Autor dieses herrlichen Buches
kennen zu lernen, und ihm persönlich zu begegnen.
Ich war und bin ein begeisterter Leser seiner
Gedichte auf der Internetseite„Facebook"
wo er seine Gedichte und Verse veröffentlicht.
Besonders Gedichte wie *BILDER, MEIN VATER ..."
geben einen herrlichen und tiefen Einblick in die
Seele des Menschen Roger Peiffer Worte die
„De Poet" so einmalig und ergreifend machen.

Es ist schon ein herrliches Erlebnis sich in seinen
Gedichten wieder zu erkennen, mit zu fühlen und
darüber nach zudenken.
Ich persönlich freue mich sehr über dieses Buch,
es wird mir in Zukunft eine Quelle von Ruhe,
Motivation und Nachdenken sein in die ich mich
öfters begeben werde.
Mit dem Menschen „De Poet" verbindet mich eine
herrliche tiefe persönliche Freundschaft die ich nicht
mehr missen möchte.
Was für mich als Maler Farben und Pinsel sind,
sind für meinen Freund „De Poet" die Buchstaben,
Worte, Sätze, Verse, Gedichte ja sogar das ganze
Buch der gefühlten Gedichte.
Ja lieber Poet, schön deine nachdenklichen, freudigen,
traurigen und begeisterten Worte zu genießen.

Lieber Poet, NIBO der Maler freut sich dich zu kennen.

Vielen dank an Dich

Bilder

Bilder die wir betrachten
Voller Farbenvoller Phantasie
Ein Kunstwerk das wir lieben und beachten
In seiner Vollendung unser Herz berührt

Unseren Geist verleitet und beschwingt
Beim Anblick anfangen zu Träumen
So als ob eine Elfe für uns singt
Wo wir vor Bewunderung überschäumen

Als wäre es uns auf den Leib gemalt
Spiegelnd uns in dem Werk erkennen
Ehrfürchtig bis wir es in unseren Händen halten
Um es aus Überzeugung unser Eigen zu nennen

Sein Platz ist erhellt und vorbestimmt
Es soll uns an jedem Tag erneut erfreuen
Uns begeistern während unsere Zeit verrinnt
Und manchmal Salz in unsere Wunden streuen

Damit wir uns erinnern und uns besinnen
Was der Ursprung unseres Glückes war
Und wenn es sein muss von vorn beginnen
Damit unsere Flügel weiterwachsen in jedem Jahr

Bilder sind nicht nur gemalt Sie sind gefühlt
Ein Ausdruck einer Menschlichen Seele
Von einem Maler welcher sich bemüht
Mit Gefühl etwas von sich Preis zu geben.

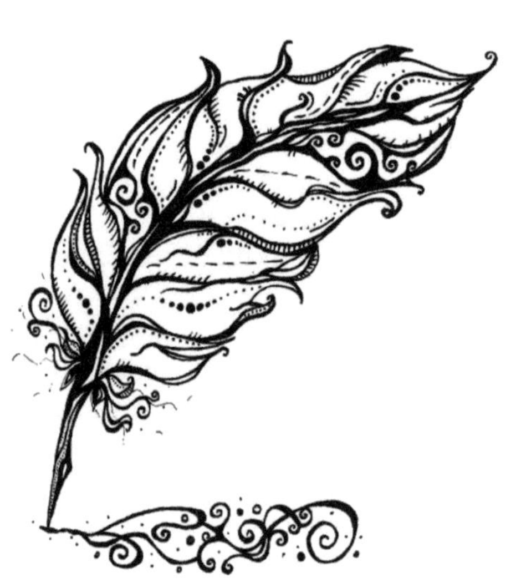

An jedem verdammten Tag

Es ist egal wie viel Uhr es ist
Weil du mich nicht vermisst
Weil du mich übersiehst
Deine wunderschönen Augen schließt

Weil du mich nicht spürst
Mich nicht verführst
Und mich nicht küsst
Und mein Herz jetzt büßt

An jedem verdammten Tag
Wo ich dich mit mir trage
Fällst du mir nur noch zur Last
Chance vergeben Chance verpasst

Ich quäle mich um zu überleben
Uns beide wird es niemals geben
Und flüchte mich in dich hinein
Es könnte so erfüllend sein

Und lenke mich ab mit Dokumenten
Keine Gefühle mehr zu verschenken
Die rosa Sonnenbrille abgesetzt
Mich selbst am meisten unterschätzt

An solche Gefühle nie geglaubt
Wenn es dir den Atem raubt
Sich verständlich auszudrücken
Schließen nur Wunden diese Lücken

An jedem verdammten Tag...

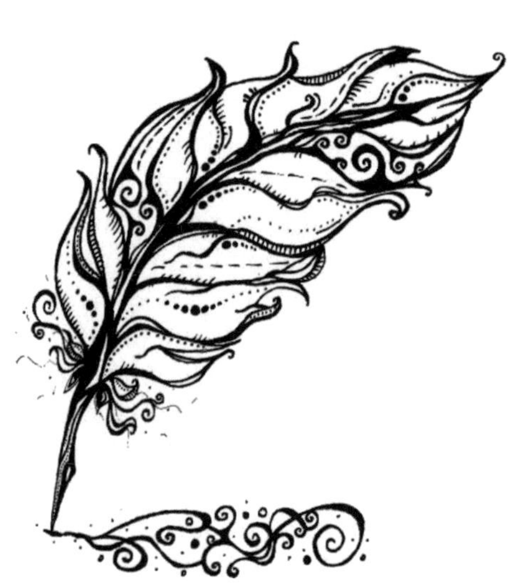

Ich gebe es zu

Ich gestehe es ist wahr
Du siehst es mir sicher an
Seit schon mehr als einem Jahr
Träume ich dass wir ein Paar sind
Irgendwann

Weil du mich Sprachlos machst
Und ich aus Liebe meinen Mut verlier
Ich fürchte dass du darüber lachst
Und diese Gefühle nicht teilst mit mir

Ich gestehe dass es die Wahrheit ist
Dabei komme ich mir selber komisch vor
Weil du die Sehnsucht meines Herzens bist
Und ich schon zu viel Zeit verlor

Gib mir nur ein kleines Zeichen
Etwas Dynamit das meine Ketten sprengt
Ein Augenzwinkert würde mir schon reichen
Ein liebes Wort was alle Zweifel verdrängt

Ich gebe es zu mein Herz ist schuldig
Es lässt mich mit offenen Augen Träumen
Und wird jeden Tag mehr ungeduldig
Aus Angst das größte Glück zu versäumen

Weil es nicht in deinem Rhythmus schlägt
Und anfängt sich darüber zu beschweren
Und es für immer deinen Namen trägt
Dagegen kann man sich nicht wehren
Ich gebe es zu...

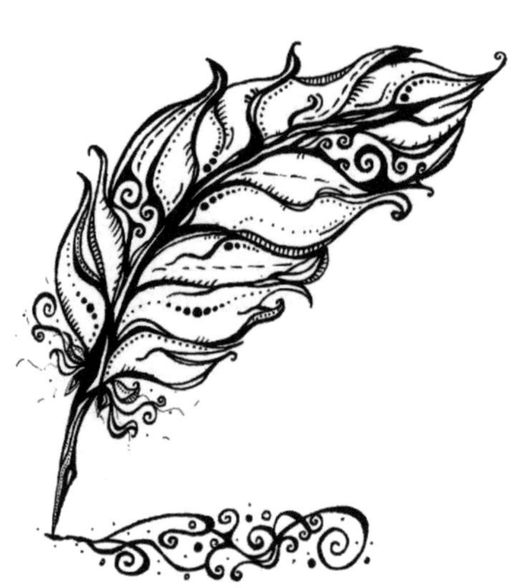

Schmerzen im Wind

Auch wenn du etwas anders bist
Meine Meinung nicht immer teilst
Das geschehene niemals vergisst
Und die Zeit nicht deine Wunden heilt

Weil du fühlst und du vermisst
Weil die Sehnsucht in dir schreit
Und das Wasser in deine Augen fließt
Bin ich bei dir du bist nie alleine

Du bist mein Fleisch mein Blut
Von unseren Wesen die Reinkarnation
Mein Beweggrund mein Lebensmut
Alles andere als eine Illusion

Deine Lebensfreude tut mir so gut
Du bist die Prinzessin auf meinem Thron
Die meinem Herzen nur gutes tut
Die Liebe die ganz tief in meinem Herzen wohnt

Auch wenn du manchmal verdrängst
Weil es solch unglaubliche Schmerzen sind
Diese Sehnsüchte an denen du so hängst
Wenn die Trauer überhand gewinnt

Und deiner Mutter diese Gedanken schenkst
In deiner Stille während mir das Blut gerinnt
Fühle ich mit dir was du grade denkst
Und schreie meine Schmerzen in den Wind

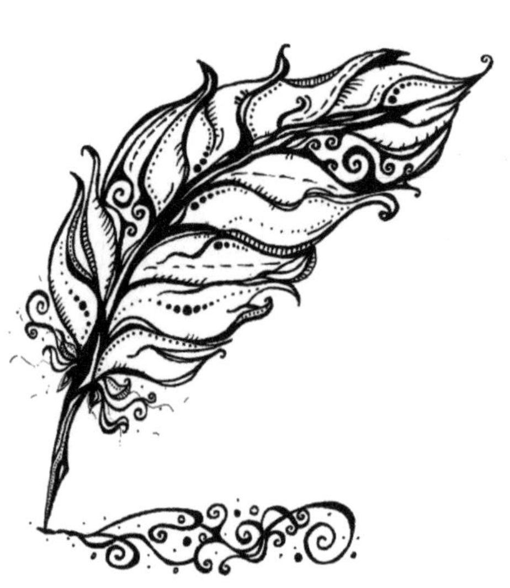

Deine Hände

Zehn Finger zwei Hände
Vollkommenheit ohne Ende
Mit Fingerfertigkeit
Viel Freude zubereitet

Alles was du machst
Mit deinen Händen überwachst
Was du mit Ihnen spürst
Wenn du mich berührst

Was sie mit mir machen
Alle die schönen Sachen
Alles was mir gefällt
Ist wenn deine Hand mich hält

Deine Hände sind dein Verstand
Sie führen deine Liebe aus
Sie nehmen mich in deine Hand
Deine Hände sind mein Zuhause

In Ihnen fühle ich mich befreit
Halte mich stets für sie bereit
Mich ihnen einfach hinzugeben
Mit deinen Händen spüre ich das Leben

Wenn sie meine Seele streicheln
Und meinem Bewusstsein schmeicheln
Mich abhalten einfach einzuschlafen
Meine Müdigkeit nur Lügen strafen

Hör nicht auf mich anzufassen
All meine Sinne möchten es zulassen
Mit deinen Händen an meiner Haut
An meinem Körper der dir vertraut

Deine Hände sind...

Dein Thron

Ich hatte es fast vergessen
Wie sich Liebe anfühlt
Auf der Suche wie besessen
War mein Herz so unterkühlt

Schon beinahe erfroren
Das Gehirn schon alarmiert
Die Hoffnung fast verloren
Wenn nur noch der Frust regiert

Du hast mich wiederbelebt
Mir neuen Atem eingehaucht
Meine Wunden zugeklebt
Das Gift in mir ausgesaugt

Mit deinem Blick erwärmt
Der mich zum schmelzen bringt
Vor mir für mich geschwärmt
Ein Engel der meine Flügel schwingt

Um zu einem neuen Ziel zu fliegen
Wo man nur noch seine Träume lebt
Wo die Sehnsüchte einfach überwiegen
Wo mein Mund auf deinen Lippen klebt

Da wo für mich mein Zuhause ist
Ist dort wo deine Liebe wohnt
Genau da zu sein wo du grad bist
Ist mein Herz auf dem du Thronst

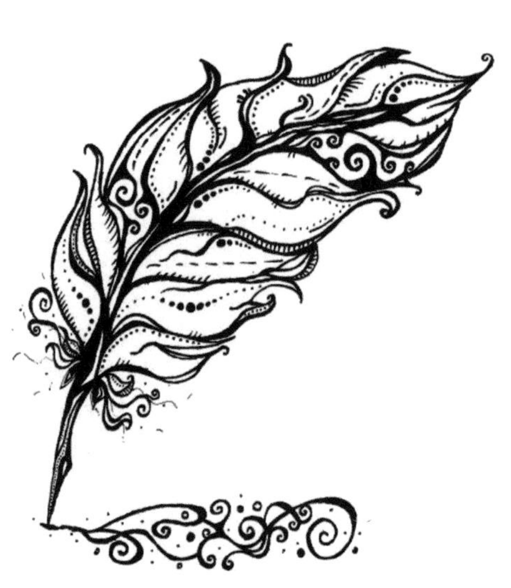

Das Paket

Alle Stränge sind verlegt
Alle Verträge abgeschlossen
Bereit für das was uns bewegt
Mit viel Liebe übergossen

Mit Kerzen angezündet
Mit dem Herzen überfallen
Die Quelle die ewig mündet
Die einzig richtige von allen

Unsere Liebestränke
Unser heiliger Zufluchtsort
Wo wir uns alles schenken
Mit Gefühl in jedem Wort

Wo jede Silbe etwas bedeutet
In jedem Satz die Wahrheit liegt
Die Differenz zu anderen Leuten
Wo Vernunft über den Alltag siegt

Begründet auf Vertrauen
Auf diesem unschätzbarem Wert
Gemeinsamkeiten aufzubauen
Zärtlich und unversehrt

Was unsere Sinne süchtig macht
Fehler werden ignoriert
Nur kurz darüber gelacht
Und das Paket neu verschnürt

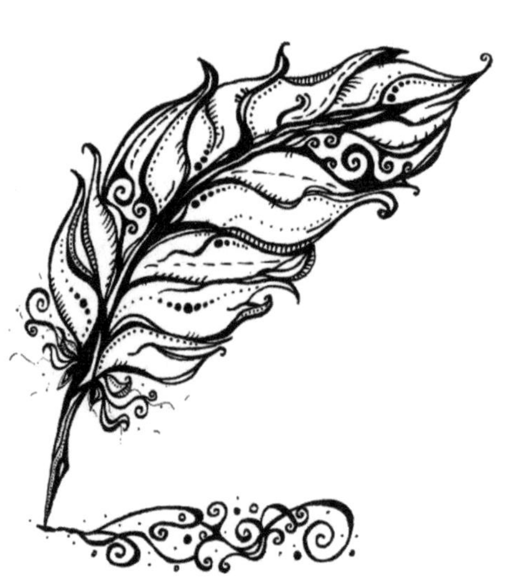

Der Traum

Gewohnheit ade
Du bist bei mir
Wohin ich auch geh
Stehe ich neben Dir
Wohin ich auch träume
Ob New York oder Paris
Entdecke ich neue Räume
Und auch dein Paradies

Auf beflügelten weißen Pferden
Die höchste Wolke ist unser Halt
Schauen wir hinunter auf die Erde
So blau wie ein Bild gemalt
Und zählen alle Sterne
Bis hin zum Horizont
Mir dir zu fliegen mach ich gerne
Die nächste Station ist wohl der Mond

Immer der Sonne entgegen
Frei wie ein Vogel im Wind
Unterwegs die Sternschnuppen zählen
Und eine unfassbare Story beginnt
Frei von allen gemeinen Zwängen
Altlasten auf dem Mond hinterlassen
Ein neues Leben ohne verdrängen
Unbefleckt und ohne zu hassen

Jungfernseelen von allem befreit
Alte Spiegel recycelt
Das Ende ist noch viel zu weit
Komm wir lieben uns ganz ungeniert
Und bauen unsere Träume aus
Verwandeln Sie ins irdische Leben
Und stricken uns keinen Strick daraus
So ein Glück kann es nur selten geben

Du hast ich habe

Du hast fast alles investiert
Du hast dich fallen lassen
Hast deine Seele auskuriert
Hast die Vergangenheit verlassen
Und dich auf mich eingelassen
Und vertraut

Du hast dich neu errichtet
Deinen Süden neu positioniert
Dich getrennt von dem was dich vernichtet
Nach deinem Gefühl neu orientiert
Völlig ungeniert
Auf mich gebaut

Du hast dein Herz in die Hand genommen
Darauf gehört wie schnell es schlägt
Du bist auf meinen Gipfel geklommen
Hast mich wie Wild einfach erlegt
Uns schlicht bewegt
Mich angeschaut

Ich habe verwegen mich ergeben
Am Anfang noch sehr gewehrt
Aus Angst Gefühle auszuleben
Weil sich niemand mehr drum scherte
Mich nicht begehrte
Völlige Sinnlosigkeit

Ich habe mich selbst hinterfragt
Ganz alleine sein macht keinen Sinn
Du hast mir die richtigen Worte gesagt
Mir bewiesen wer ich denn wirklich bin
Es zieht mich zu dir hin
Für alle Ewigkeit

Ich habe neues Feuer in mir gespürt
Du hast mein Herz neu angezündet
Mich an der Hand genommen und geführt
Mir verlockend Liebe angekündet
Meine Quelle die mündet
Für alle Zeit

Mit dir eins zu sein

Was ich denke erzählst du mir
Ich höre dir belustigt zu
Als sehest du in mein Gehirn
Ganz egal was ich auch tu

Seelenverwand und gefunden
Im Urwald dieser schnellen Welt
Vergessen sind einsame Stunden
Es ist das Hier und Jetzt was zählt

Weil du mich überall begleitest
Ohne auch nur bei mir zu sein
Mich in die richtige Richtung leitest
Mich verwöhnst im Kerzenschein

Weil dich meine Gefühle interessieren
Hat die Gleichgültigkeit keine Chance
Kann unsere Liebe nie erfrieren
Und du versetzt mich nachts in Trance

Machst aus mir ein anderes Wesen
Mit viel Liebe angereichert
Du kannst all meine Gedanken lesen
Auch den letzten der in mir geistert

Du fühlst wie es mir wirklich geht
Alle deine Sinne sind auf Glück gepolt
Lässt die Tür zu deinem Herzen angelehnt
Wenn das Verlangen mich einholt
Mit dir eins zu sein...

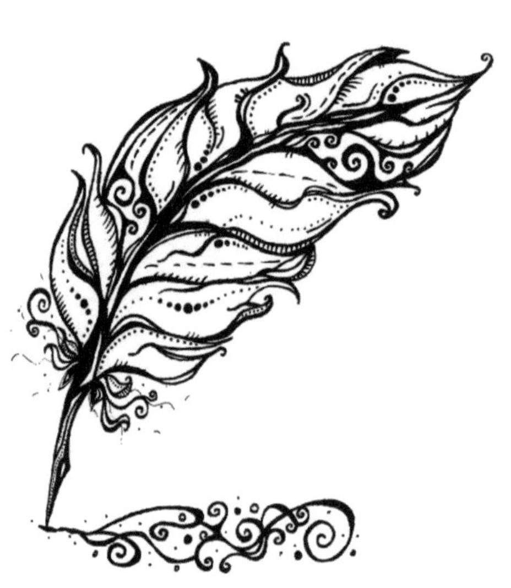

Sie

Sie geht nicht einfach nein Sie schwebt
Jede Bewegung ist wie dahin gemalt
So etwas habe ich noch nie erlebt
Davon zu Träumen habe ich mich nie gewagt

Sie redet nicht Sie teilt sich mit
Jedes Wort ergibt dabei einen Sinn
Sie funktioniert nicht Sie geschieht
Sie hat so viel Liebe in Ihrer Stimme

Sie macht mich schwach Sie macht mich stark
Sie wickelt mich um jeden Finger
Ihre Berührungen gehen durch Knochen und Mark
Sie macht mich süchtig nach Ihr für immer

Sie verhext mich nicht Sie verzaubert
Sie kennt jeden wichtigen Zauberspruch
Sie kann mich beatmen und mir den Atem rauben
Wenn ich nach wärme Ihre Nähe suche

Um zu genießen was uns verbindet
Mit dem Gefühl dass es nichts Schöneres gibt
Wenn ein Herz sein Zuhause findet
Wenn soviel Gefühl mitten in das Leben tritt

Sie heißt mich willkommen mit einem Lächeln
Wie ein Heimathafen so Urvertraut
Ihr Kuss ist so süß wie ein Versprechen
Sie breitet Ihre Arme voller Sehnsucht aus

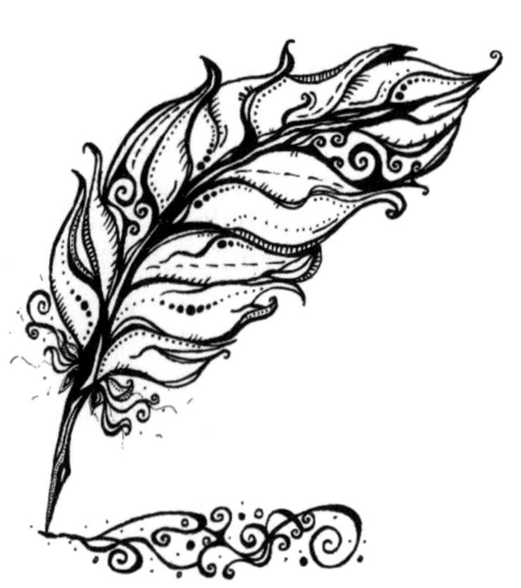

Wie ein Ball

Mit Leichtigkeit gefüllt
Um fliegen zu können
Womit man gerne spielt
Um Freude zu gönnen

Oft dagegen getreten
Und öfters auch geküsst
Zum Mittelpunkt gebeten
Im Publikum vermisst

Manchmal gestreichelt
Vorbei geschossen
Seelen geschmeichelt
Und den Sieg begossen

Neben dem Tor gelandet
Ganz böse ausgepfiffen
Entscheidend verwandelt
Nicht immer begriffen

Mit der Hand genommen
Und eifrig verteidigt
Fußtritte bekommen
Mit Spucke beleidigt

In die Ecke geflogen
Jubelschreie registriert
Den Applaus aufgesogen
Im falschen Tor verirrt

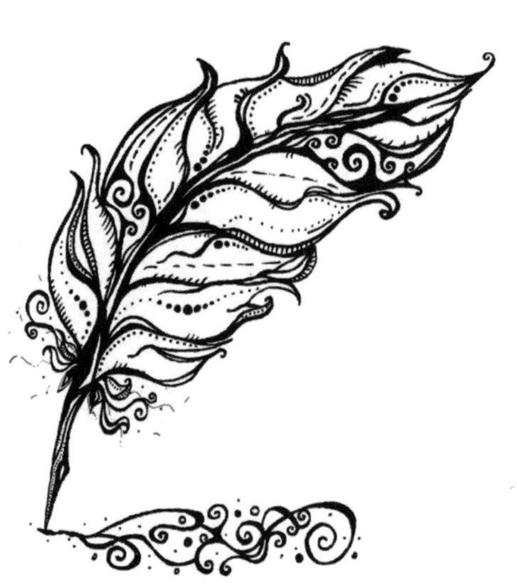

Einsam und alleine

Du bist allein und stellst dir Fragen
Warum alles halt so ist
All diese Gedanken die dich plagen
Wenn einen das Glück vergisst

Du hättest viel zu erzählen
Doch es hört dir keiner zu
Du wurdest wohl übersehen
Und die Zeit vergeht im Nu

Wohin mit all den Träumen
Sie werden wohl nie gelebt
Sie sind wie Blätter von den Bäumen
Welche im Herbst zum Boden schweben

Wo sie sich braun verfärben
Und alles Leben aus ihnen weicht
Hinuntergefallen um zu sterben
Und den höchsten Punkt nie erreichten

Von aller Kraft im Stich gelassen
Zu schwach um sich dagegen zu wehren
Von allen guten Geistern verlassen
Und sie werden nie mehr wiederkehren

Wenn dein Herz vor Sehnsucht schreit
Und die Seele voller tauben Gefühlen ist
Wenn das Verlangen einzig übrigbleibt
Weil du so alleine und einsam bist

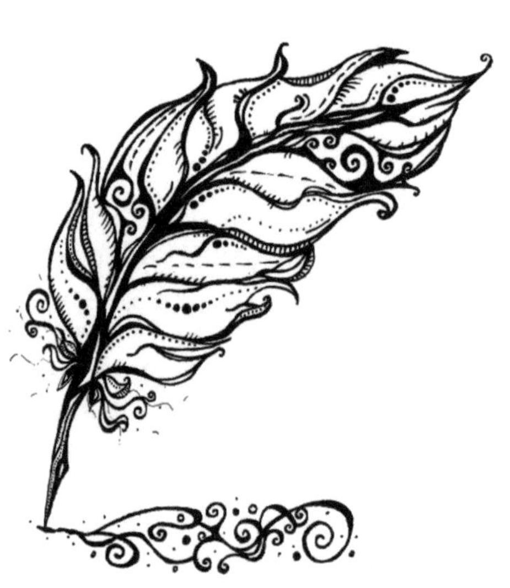

Unsere Welt

Du bist mein Gleichgewicht
Meine innere Stimme
Mein Verteidiger vor Gericht
Weil ich mit dir jeden Prozess gewinne

Du hältst deine Hand über mich
Die Königin die mich bewacht
Was wäre ich bloß ohne dich
Du bist die welche die mich süchtig macht

Du leckst alle meine Wunden
Wenn der Krieg vorüber ist
Fühle mich mit dir grenzenlos verbunden
Weil du für mich einzigartig bist

Und du weist wie ich empfinde
Wenn meine Welt zusammenbricht
Wenn wir uns ertasten wie zwei Blinde
Und die Liebe für uns Bände spricht

Wenn wir gemeinsam Geschichte schreiben
Wenn wir über den Wolken fliegen
Auf unserem Fluss lassen wir uns treiben
Und lassen uns leiten von unseren Trieben

Köstliche Sekunden zusammenzählen
Bis viele schöne Stunden daraus entstehen
Zusammen dieselbe Zukunft wählen
Unsere Welt mit unseren Augen sehen.

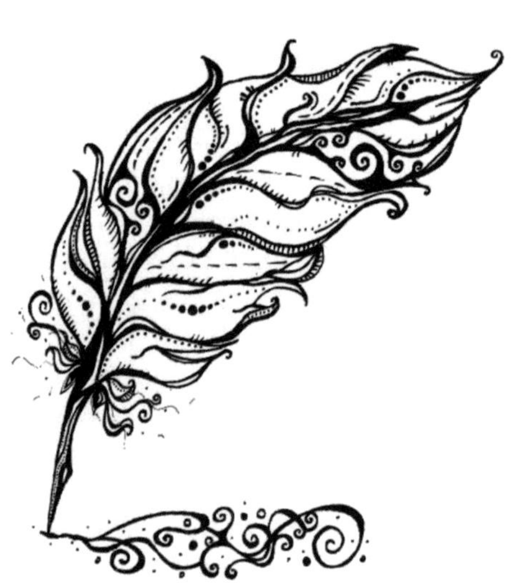

Ich bin einzigartig

Ich bin einzigartig und ich werde es immer sein
Manchmal bin ich groß und öfters auch mal klein
Ich bin ein Mensch mit eigenem Hintergrund
Ich bekam auch Küsse mitten auf meinen Mund

Man hat mich gehasst man hat mich gestreichelt
Mich zur Hölle geschickt und mir geschmeichelt
Mir wurden Wunden zugefügt und dieselben geleckt
Man hat sich mit mir gezeigt und sich hinter mir versteckt

Man hat mich benutzt man hat mich ausgenutzt
Lediglich die schmutzigen Finger an mir abgeputzt
Weil ich aus Sehnsucht nach Liebe der Schwache war
Und dabei mich selbst verloren habe um ein Haar

Ich bin einzigartig und ich werde es immer sein
Manchmal bin ich traurig und fühle mich allein
Ich bin ein Mensch der nicht jedem vertraut
Ein Lebewesen welches dir in die Augen schaut

Mit all meinen Sinnen die über mich wachen
Die mich davor warnen doch das falsche zu machen
Mein Selbstschutz aus Lebenserfahrung geboren
Ich hab schon zu viel kostbare Zeit verloren

Und ein Leben nur für all die anderen gelebt
Mit meinen Flügeln auf Traumwolken geschwebt
Jetzt nehme ich mir für mich genügend Zeit
Und liebe mich selber bis in alle Ewigkeit

Ich bin einzigartig...

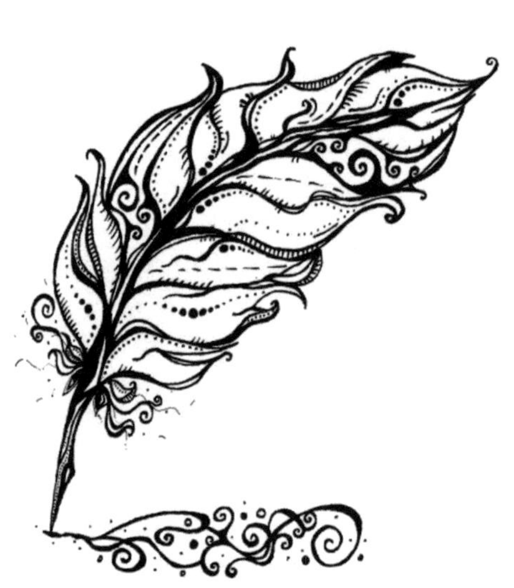

Wenn Wolken Tränen weinen

Wie oft ich an dich denke
Ist kaum zu zählen
Wie oft ich mich mit dir beschenke
Und mich manchmal schäme

Wenn meine Kraft nicht reicht
Dich noch mehr zu lieben
Wenn der Alltag sich ins Leben schleicht
Und sich Gründe dazwischen schieben

Wenn all Mut mich verlässt
Wenn ich dich mitleiden sehe
Wenn ich mich überschätze
Und wenn ich um Verzeihung flehe

Müsstest du meine Gedanken lesen
Und dich an ihnen erwärmen
Du unbeschreibliches Wesen
Von dem ich so gerne schwärme

Wenn ich mit offenen Augen träume
Auf deiner Haut bunte Bilder malen
Und mir bewusst wird was ich so versäume
Was der Preis ist den ich dafür bezahle

Alle diese Sekunden die uns entgehen
Die lieblos und einfach einsam scheinen
Werden zu Tagen die vorübergehen
Mit dem Gefühl dass Wolken Tränen weinen

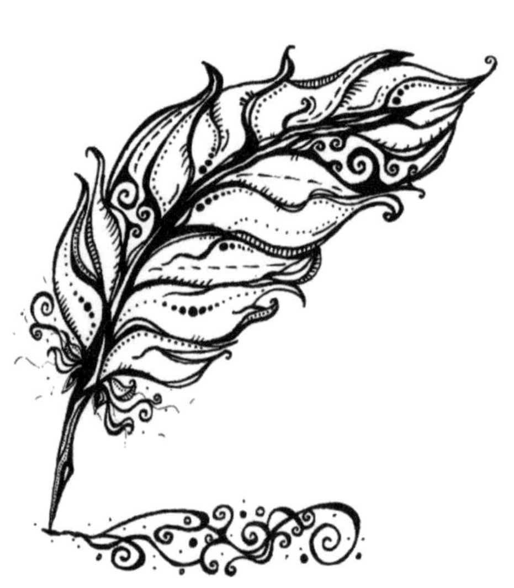

Alleine am Meer

Du sitzt alleine am Strand
Mit dem Bauch voller Gefühlen
Malst kleine Herzen in den Sand
Bedürfnisse die in dir wühlen

Sehnsucht nach Zärtlichkeit
Imstande sich kurz zu verlieben
Zu flüchten vor der Einsamkeit
Um dem Alltag zu entfliehen

Um zu geben und zu spüren
Um Leidenschaft auszuleben
Um dein Gemüt etwas abzukühlen
Sich befriedigt zurückzulehnen

Um an dem Erlebten zu laben
Wenn dich mal dein Mut verlässt
Um Erinnerungen auszugraben
Und klammerst dich an ihnen fest

Sie begleiten dich in deinen Träumen
Füllen deinen Tank mit Frieden auf
Erlösen dich von Zwang und Räumen
Und dein Sein nimmt seinen Lauf

Während der Wind dich streichelt
Und die Sonne deine Seele wärmt
Empfindest du dich erleichtert
Mit dir eins zu sein alleine am Meer

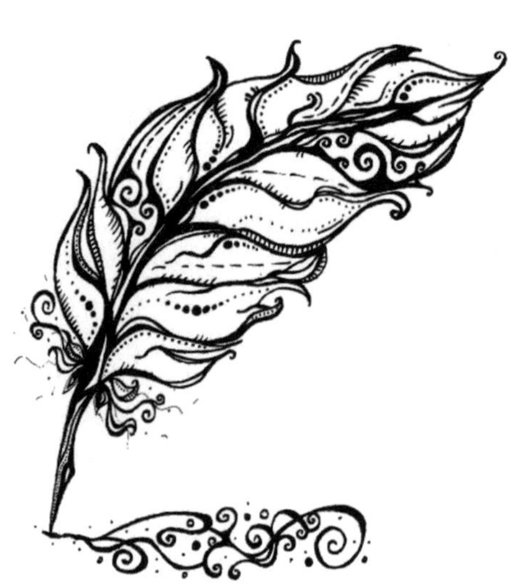

Malala

Sie kann diese Welt nicht verstehen
Mädchen wird die Schule untersagt
Sie hat dennoch beschlossen hinzugehen
Sie ist eine der wenigen die sich wagt

Dagegen zu kämpfen hat Sie beschlossen
Sich gegen diese Gesetze zu wehren
Dafür wurde Ihr in den Kopf geschossen
Von einer Terrororganisation mit ihren Gewehren

Wie durch ein Wunder hat Sie überlebt
Es ist ein Zeichen von allen Göttern
Wer sich gegen Ungerechtigkeit erhebt
Und Diktatur niedermacht mit Wörtern

Wenn ein Mensch wie Sie soviel erreicht
Muss uns allen das zu Denken geben
Wenn Gleichgültigkeit sich einschleicht
Aus Angst sich zu wehren für sein Leben

Wie viel ist dann ein Leben wirklich Wert
Was darf man einem Mensch verbieten
Zerstörte Hoffnung die nie wiederkehrt
Unschuldige die in den Teufelskreis gerieten

Wenn alle Menschen zusammenhalten
Und diese Verbrecher zum Teufel jagen
Gleicht die Menschheit Naturgewalten
Wenn wir die Last auf allen Schultern tragen

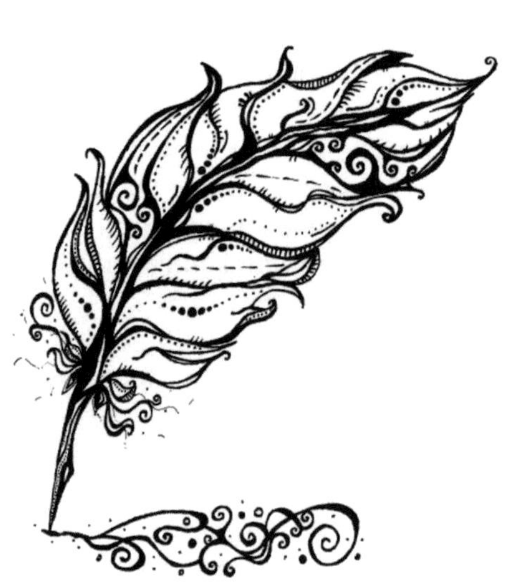

Der Engel aus der Asche

Ich hasste deine schmutzigen Hände
Deine Liebkosung deinen Mundgeruch
Du wurdest geboren um zu schänden
Du warst mein allergrößter Fluch

Die Zimmertür war unverschlossen
Du hattest den Schlüssel eingesteckt
Hatte dich schon oft im Traum erschossen
Mit Genuss dich niedergestreckt

Dabei nie eine Träne um dich geweint
Nur vor Freude getanzt im Regen
Du warst kein Mensch du warst ein Schwein
Solche Verbrecher dürfte es nie geben

Du hast mir meine Kindheit versaut
Meine Freude am Leben mir genommen
Meine Jungfräulichkeit hast du mir geraubt
Für einen Hilfeschrei nur habe ich Prügel bekommen

Wie durch ein Wunder habe ich überlebt
Mich mit meiner Phantasie ernährt
Wie ein Engel der sich aus der Asche erhebt
Seine Flügel schwingt und nie wiederkehrt

Befreit von allen Ängsten und allen Sorgen
Bereit um in ein neues Leben zu fliegen
Wo ich mich sicher fühle und geborgen
Mit dem Recht wen ich will zu lieben

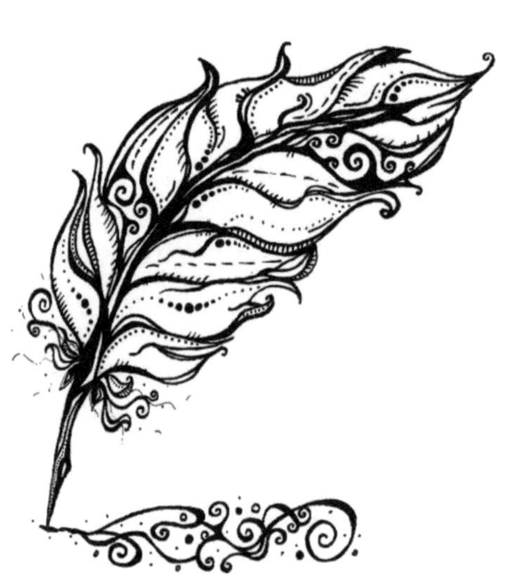

Nebenerscheinungen

Weil die Zeit verrinnt wie in einem Dali-Bild
Unaufhaltbare Zeituhr unseres Lebens
Zum Tode verurteilt schon als kleines Kind
Jeder Versuch sich zu wehren ist vergebens

Begrenztes Sein solange dein Blut pulsiert
Mit grenzenloser Phantasie beflügelt
Mit einer Seele bewaffnet die dich geriert
Bis das Ende deinen Drang nach Liebe zügelt

Du hast alles Mögliche für dich ausprobiert
Und mancher Blick zurück macht dich befangen
Du hast mit Gefühl dein großes Herz auskuriert
Nach der Vergangenheit wieder neu angefangen

Du selbst zu sein dich mit deinen Augen zu sehen
Auf dein Herz und deinen Verstand zu achten
Um auf deinem eigenen Weg auch zu bestehen
Um die Welt aus deinen Blickwinkel zu betrachten

Um zu existieren wozu es sich zu Leben lohnt
Um in der Wonne des Universums zu baden
Um du selbst zu sein scheint es auch ungewohnt
Seinen Bedürfnissen die einen plagen nachzujagen

Waren auch die Momente des Glücks bescheiden
So hast du am Ende doch bloß nur für Sie gelebt
Traurigkeit und Schmerzen kann man nicht vermeiden
Es sind Nebenerscheinungen wenn man nach Erfüllung strebt

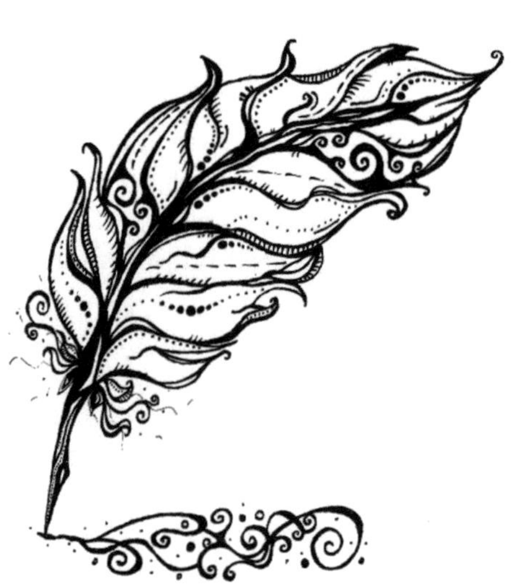

Es ist schön

Es ist schön dich zu kennen
Dich bei der Hand zu nehmen
Mit dir durchs Leben zu rennen
Und dir all meine Liebe zu geben

Es ist schön dich zu spüren
Wenn du mir deine Liebe schenkst
Dich manchmal auszuführen
Wenn du etwas anderes denkst

Es ist schön dich zu Küssen
Weil du nach Gefühlen schmeckst
Ich möchte dich nie mehr vermissen
Weil mit dir mein Vertrauen wächst

Es ist schön dich anzusehen
Ich erkenne in dir mein Glück
Mich einfach bei dir anzulehnen
Und du mich einfach zärtlich drückst

Es ist schön dich zu begehren
Wenn die Lust mich glücklich stimmt
Hilflos mich gegen dich zu wehren
Wenn du die Führung übernimmst

Es ist schön neben die aufzuwachen
Gesegnet von einem Kuss von Dir
Erfüllt mein Herz mit einem Lachen
Ich liebe dich so sehr dafür.

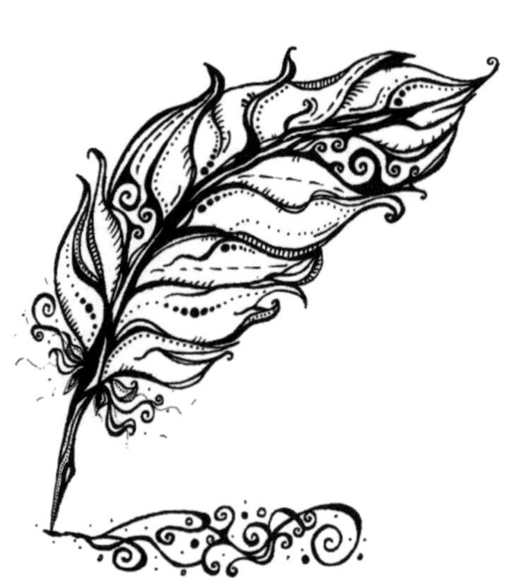

Die karierte Flagge

Ein Gedanke welcher fließt
Sich einfach treiben lässt
Über sein Ziel hinüberschießt
Sich auf sein Glück verlässt
Im Rennen des Überlebens
Wo es zu kämpfen lohnt
Manchmal auch vergebens
Ein anderer dich überholt
Die Ellbogen eingesetzt
Keine Rücksicht genommen
Vom Siegertrieb gehetzt
Sich gnadenlos übernommen
Aus Eigenbedarf überschätzt
Und noch nicht freigeschwommen
Nicht weit genug gesehen
Vor Gefühlen wie Blind gelebt
Es muss Weh tun um zu verstehen
Wenn dein Sein dir wiederstrebt
Wenn du wieder lernst zu gehen
Wenn du dich selber wieder zügelst
Und versuchst dich zu verstehen
Mit neuem Gespür dich beflügelst
Gescheiter als jemals zuvor
Gekennzeichnet in deiner Seele
Zum Lieben wurdest du geboren
Und genau diese würde dir ewig fehlen
Wer fällt steht einfach wieder auf
Und folgt wieder seinem Instinkt
Nimmt die Enttäuschungen in Kauf
Bis das Hirn die karierte Flagge winkt

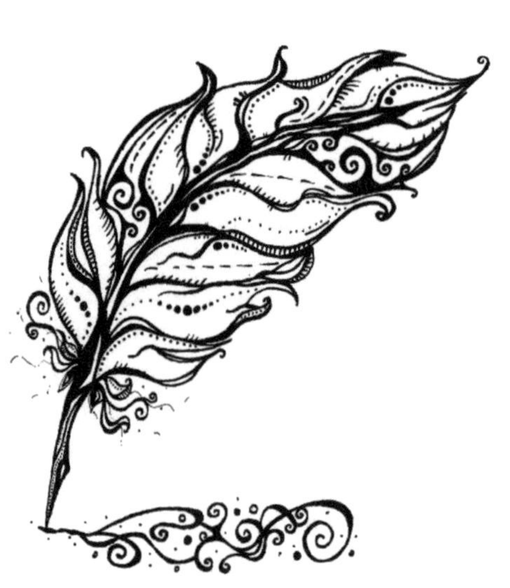

Wenn ich mich liebe

Wenn Gelüste mich überkommen
Und du grad nicht bei mir bist
Ich mich sehne nach deinen Wonnen
Wenn mein Sein dich so sehr vermisst
Und ich mich selber verführe
Mit dir alleine in meiner Phantasie
Die Augen schließe und ich dich spüre
Weil ich glücklich bin wie noch nie

Wenn ich deine Leinwand bin
Mit all den Bildern auf meiner Haut
Deine Hände und dein Mund die Pinsel sind
Wenn deine Sehnsucht mich anschaut
Mit den Augen zu kann ich dich sehen
Wenn du dich hingibst in aller Pracht
Wenn meine Gedanken sich nur um dich drehen
Übernimmt mein ganzes Verlangen alle Macht

Und ich berühre mich mit deinen Händen
Gebe mich dir mit Haut und Haaren hin
Als ob ich mich im siebten Himmel befände
Und ich dein ausgesuchter Engel bin
Mit Liebe zum Horizont zu fliegen
Bis zum Gipfel ist denkbar optimal
Um die Einsamkeit manchmal zu besiegen
Nicht Verschwiegen liebevoll und ganz normal

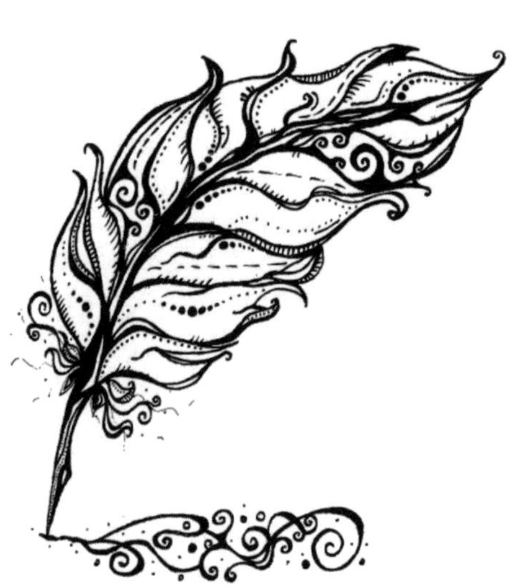

Das nennt sich Liebe

Alles klärt sich von selbst
Wenn man sich fallen lässt
Wenn man Vertrauen schenkt
Und dabei nichts Schlimmes denkt

Wenn man alles riskiert
All seinen Mut investiert
Sich traut sich selbst zu sein
Fliegen kann man nicht allein

Wenn man bereit zu teilen ist
Sehnsüchte die man so sehr vermisst
Wenn man auf offene Ohren stößt
Wenn man sein Herz entblößt

Als wäre das alles ganz normal
Erscheint es einem auch zu genial
Unfähig diese Gefühle zu verwalten
Man will diese Wärme für immer halten

Man schreibt liebevolle Zeilen
Man liebt sich um Wunden zu heilen
Schmerzen werden einfach weggeküsst
Man merkt wenn man angekommen ist

Wenn man bereit ist alles zu wagen
Tausend mal Lust hat ich liebe dich zu sagen
Wenn das so normal ist wie ein Wind der weht
Nennt sich das Liebe die einem den Kopf verdreht

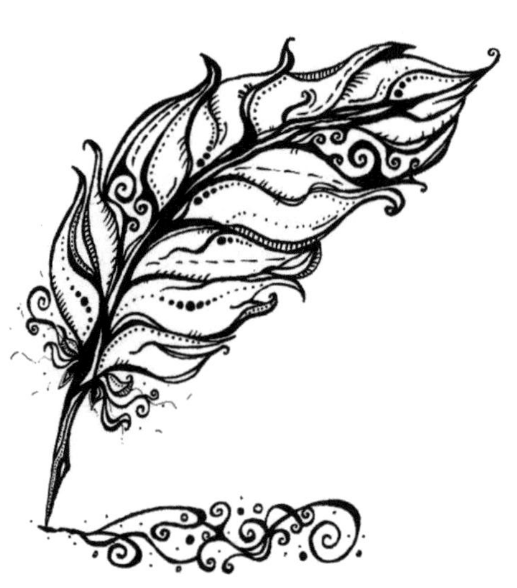

Ein Wunderwerk

Wer keine Fehler hat der hat nie gelebt
Und weil Perfekt einfach langweilig ist
Wie all die anderen sein dir wiederstrebt
Und du dadurch unwiderstehlich wirst

Deine Fehler bügelst du mit dem Herzen auf
Du hast niemanden gezwungen dich zu lieben
Nimmst aus Überzeugung Umwege in Kauf
Du würdest niemals deine Schuld auf andere schieben

Und wenn mal jemand über dich lacht
Weil du zwei verschiedene Strümpfe trägst
Hat dir das noch nie etwas ausgemacht
Weil du einfach natürlich bist und zu dir stehst

Du übersiehst alle Macken mit deiner Leichtigkeit
Überlässt jedem seinen Freiraum für sein Leben
Du erfüllst jedes Zimmer mit deiner Persönlichkeit
Du nimmst nur um etwas zurückzugeben

Kompromisslos in allen Vertrauensfragen
Lügen werden für dich in Märchenbüchern erzählt
Erzählst jedem von den Geistern die dich plagen
Du gibst soviel Preis von dem was dich bewegt

In der Hoffnung nicht alleine genau so zu denken
Anzustechen mit dem was so besonders ist
Ein Wunderwerk gebaut um Liebe zu verschenken
Damit man was so wichtig ist auch nicht vergisst

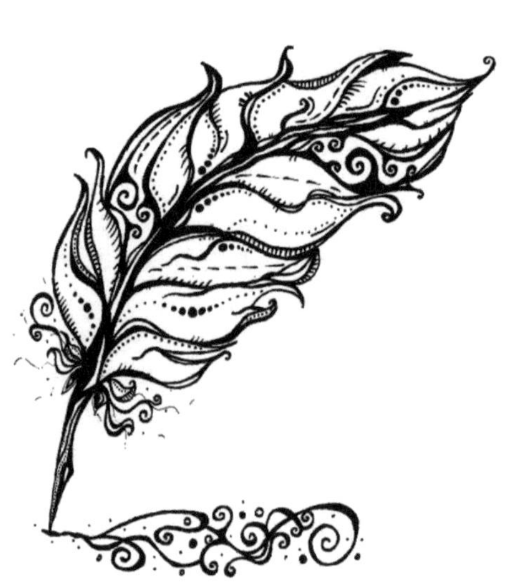

Rom Lammar

Poesie hat mich eigentlich nie so richtig begeistert.
Schon in der Schule empfand ich es immer als mühsam
Und langweilig, wenn es darum ging, ein
Gedicht « auseinanderzunehmen », also die einzelnen
Verse zu interpretieren.

Seitdem ich die Gedichte von Rosch Peiffer lese, hat sich
Das geändert.

In einem Online-Lexikon habe ich vor kurzem folgenden
Text gelesen: « Die Poesie, bzw. "die Dichtung" ist ein
Begriff aus dem Griechischen und bezeichnet die
Kunstart, die mit Phantasie die Ausdrucksmöglichkeiten
der Sprache einsetzt, um dem Zuhörer oder Leser
Lebens-, Welterfahrungen und -deutungen näher
zu bringen ». Mit Phantasie dem Zuhörer oder Leser
Lebens-, Welterfahrungen und -deutungen näher zu
bringen, das beherrscht Rosch Peiffer wie kaum ein
anderer. Ich bin immer wieder überrascht und
begeistert darüber, wie er es schafft, mit wenigen
Zeilen seine Gedanken und Gefühle auf solch originelle
und kunst-volle Art und Weise auszudrücken. Dabei ist
der Rythmus in seinen Gedichten so gut, dass für mich
beim Lesen manchmal sogar der Gedankeninhalt
gänzlich « verschwindet » und das Gedicht auf mich
wirkt wie Musik.

Es wundert mich auch nicht, dass wir uns in der
kurzen Zeit, wo wir uns kennen, sehr schnell
näher gekommen sind, denn ich denke, Rosch
möchte mit vielen seiner Gedichte Ähnliches
weitergeben und vermitteln, wie ich das, auf visuelle
Art und Weise, mit meinen abstrakten Bildern anstrebe:
das Gefühl für das Schöne und Harmonische

Rosch, ich danke dir dafür, dass du mir mit deinen
Gedichten die Tür für die Poesie wieder geöffnet hast.

Rom Lammar

Licht und Schatten

Das Leben ist manchmal düster
Wenn dir keine Sonne scheint
Dir niemand etwas liebes flüstert
Aus deinem Käfig niemand befreit

Wenn alle Last dich beinahe erdrückt
Wenn du dich in dir verkriechst
Wenn du dich selbst belügst
Vor der Wahrheit deine Augen schließt

Dich quälst ohne nur ein Wort zu sagen
Weil du so müde und sensibel bist
Du kannst dich selbst dann kaum ertragen
Und nicht zugeben was dir wichtig ist

Du willst das Licht und die Wärme spüren
Das Gefühl was dich vom Schatten befreit
Dann lässt du los du lässt dich führen
Mit allen Sinnen aus der Einsamkeit

Der Mensch welcher dir die Brücke baut
Vom Misstrauen bis hin zum Hochgefühl
Dir liebevoll in deine Augen schaut
Gibt dir neuen Mut und ein neues Ziel

Und während du auf der Brücke stehst
Zurückblickst in die Vergangenheit
Dich nur noch nach der Zukunft sehnst
Bis zur Erfüllung ist es nicht mehr weit

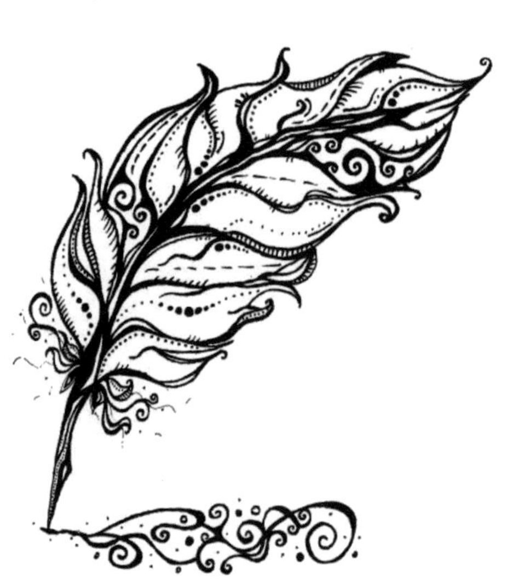

Vom Wind geküsst

Die Klippen ragen steil empor
Ein Platz wo du für dich alleine bist
Du fühlst dich einsam so wie nie zuvor
Wer nichts verliert auch nichts vermisst
Du bist hier um zu leiden zu vergessen
Alles was dir so verdammt wichtig war
Du hast geliebt du warst besessen
Alles überschaubar und ganz klar

Springst du oder springst du nicht
Hast du die Kraft dies zu überleben
Wie viel Mut bleibt wenn ein Herz zerbricht
Wie oft kann man sich selbst aufgeben
Wenn alle Zweifel deinen Namen tragen
Wenn dein Verstand vor Schmerzen schreit
Es ist verdammt schwer nur Ja zu sagen
Belastet von der Trauer die übrig bleibt

Wohin mit all diesen guten Gefühlen
In deinem Sein im Niemandsland
Versuchst dich auf den Klippen abzukühlen
Schaust auf das Meer so angespannt
Und der Wind pfeift dir um die Ohren
Er macht dir deutlich dass du vergänglich bist
Hast du die Hoffnung auch fast verloren
So bist du dankbar dass der Wind dich küsst
Und du am Leben bist...

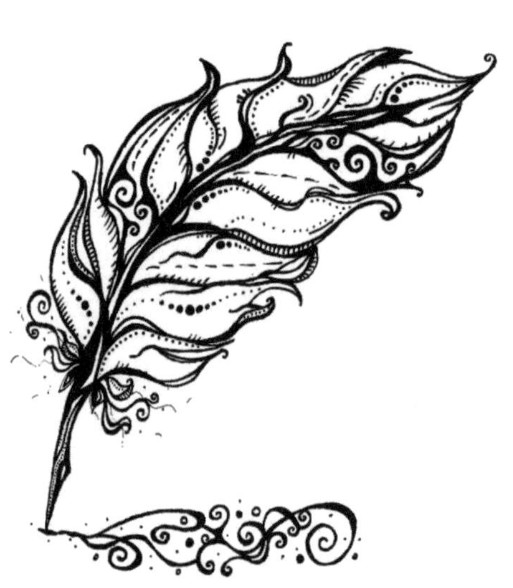

Sehnsuchtsland

Die Art und Weise wie du dich gibst
Atemberaubend erhebend aus der Masse
Wenn du aus Liebe alle Register ziehst
Einzigartigkeit gepaart mit Klasse

Gefühlvolle emotionale Zielstrebigkeit
Ein Hochgenuss dich nur anzuschauen
Diese funkelnden Augen voller Zärtlichkeit
Mit einem Sexappeal der mich vom Hocker haut

Ich ergebe mich löse mich von Zeit und Raum
Von dir gekrönt von Herzen auserwählt
Schwerelos schwebend wie in einem Traum
Erbarmungslos von deinem Parfüm umweht

Verbindend wie ein Kreis welcher sich schließt
In der Sinnlosigkeit sich dagegen zu wehren
Neue Hoffnung die durch unsere Venen fließt
Aufzublühen mit dem Bewusstsein zu begehren

Der Zug ins Sehnsuchtsland steht bereit
Zwei Plätze in die Zukunft sind reserviert
Alle Erinnerungen dürfen uns begleiten
Glücklich zu sein wird neu definiert

In spannungsvoller Erwartung der Stationen
Auf welcher unser Zug auf unserer Reise hält
Die Koffer vollgepackt mit neuen Visionen
Auserkoren wie neu geboren in einer neuen Welt

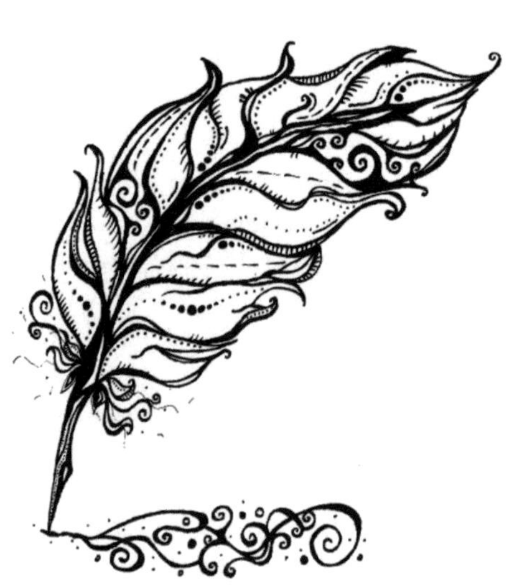

Dein Mund

Etwas höher gelegen als dein Kinn
Zwei Lippen die sich nach mir sehnen
Wo dein Mund ist zieht es mich hin
Ich will dich küssen und in deine Augen sehen

Ich genieße den intimen Moment
Wenn unsere Münder sich begegnen
Gefühle keine Grenzen kennen
Uns in unserem Mittelpunkt bewegen

In dem Denken dass einfach alles stimmt
Keine Zeit um sich Sorgen zu machen
Weil am Ende nur das Gespür gewinnt
Wertvoller ist als alle anderen Sachen

Bodenhaftung ist bei dir schwer
Weil deine Liebe mich schweben lässt
Weil jeder Kuss von dir mich ernährt
Und deine Hingabe gibt mir den Rest

So ein Kuss von dir der alle Grenzen sprengt
Und alle Macht meines Denkens übernimmt
Wenn mein Herz nur noch an die Erfüllung denkt
Die Lust und die Begierde die Überhand gewinnt

Mit deinem Mund der mich immer wieder küsst
Welcher jeden Platz von meinem Körper kennt
Meine Seele pflegt und mein Herz beschützt
Und mir diese unvergesslichen Wonnen schenkt

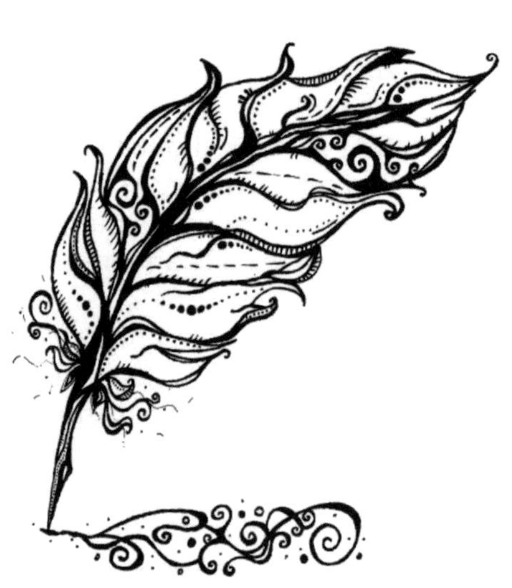

Gestern wird Vergangenheit

Unter dem Strich ist das was bleibt
Momente die uns auf ewig begleiten
Es sind Erinnerungen die das Leben schreibt
Wir lassen uns von Gefühlen leiten

Wir verdrängen und wir vermissen
Wir denken zu viel darüber nach
Wenn wir uns drehen in unseren Kissen
Um zu Existieren am Tag danach

Wenn wir uns quälen und verdrängen
Wenn wir überspielen um zu überleben
Wenn wir erzählen was wir gar nicht denken
Und die Seele zu Taub ist um zu verstehen

Weil wir Zeit brauchen um abzuschließen
Weil in unserer Brust ein Herz da schlägt
Manchmal noch viele Tränen fließen
Den verlorenen Traum fast nicht erträgt

Irgendwann können wir das verdauen
Die Zeit Wunden heilt und es weiter geht
Im Stande zu sein sich wieder zu trauen
Und nachzuholen was einem so dringend fehlt

Um ein Ziel zu haben was dich ganz erfüllt
Eine neue Liebe dich berührt und dich befreit
Wenn die Überzeugung dir niemand nimmt
Wird aus Gestern nur noch Vergangenheit

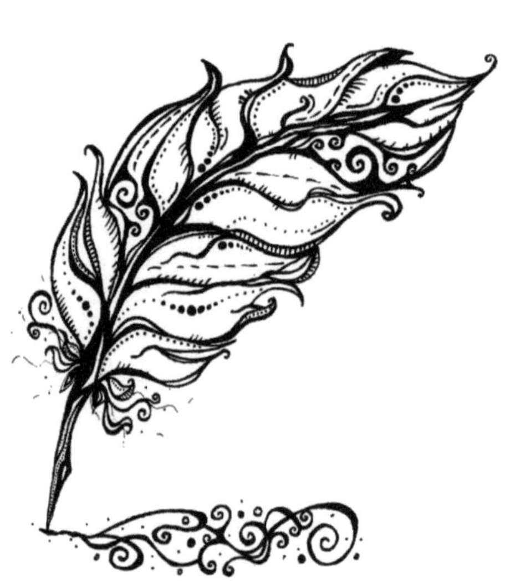

In meinem Herzen

In meinem Herzen ein Licht was brennt
Mit deiner Glut von dir entfacht
Voller Vorfreude sind wir einmal getrennt
Möchte es zu dir mit aller Macht

Um dir nahe zu sein weil es für dich schlägt
Weil alles sich um unsere Gefühle dreht
Außer sich weil von dir auserwählt
Und mir pausenlos von dir erzählt

Eine Liebesgeschichte so pur und rein
Deine Liebe zu spüren gibt mir soviel Krafft
Ich möchte nie wieder ohne dich sein
Weil du mir Platz zum Träumen schaffst

In meinem Herzen ein Licht was brennt
Mit deinem Namen dort eingraviert
Mein Engel wie mein Verstand dich nennt
Wunderbares Wesen welches mich tief berührt

Von meiner Schulter alle Zweifel nimmst
Mit deinen Augen die mir soviel sagen
Bewusst der Zeit die so schnell verrinnt
Eine Leichtigkeit jeden Schritt zu wagen

Nur neben dir möchte ich begraben sein
In deiner Nähe fühle ich mich so geborgen
Dann bin ich für immer bei dir und nicht allein
Dann macht auch der Tod mir keine Sorgen

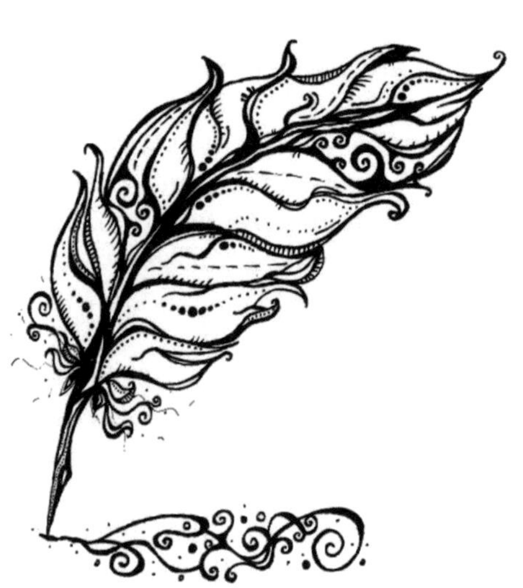

Ich wünsche

Ich wünsche mir Zufriedenheit
Wenn jeder sich seinen Wunsch erfüllt
Und strahlt bei jeder Gelegenheit
Verstanden und akzeptiert sich fühlt

Ich wünsche mir Gerechtigkeit
Politiker die nicht mehr lügen
Im Bewusstsein zur Vergänglichkeit
Die eigenen Kinder zu betrügen

Ich wünsche mir mehr Zusammenhalt
Weil Menschlichkeit Menschlich ist
Umgeben von viel zu viel Gewalt
Und Glücklich sein man so sehr vermisst

Ich wünsche mir viel mehr Toleranz
Jeder Religion ihre Freiheit lässt
Ein Zusammensein in Akzeptanz
Wo jeder bei jedem das gute schätzt

Ich wünsche mir weniger Korruption
Keine Wesen die über Leichen gehen
Keinen König mehr auf keinem Thron
Die ihre Welt nur mir ihren Augen sehen

Ich wünsche dir was dir wichtig scheint
Deinen Frieden und Ausgeglichenheit
Nicht allein zu sein wenn der Himmel weint
Mit Familie und Freunden in allem Leid

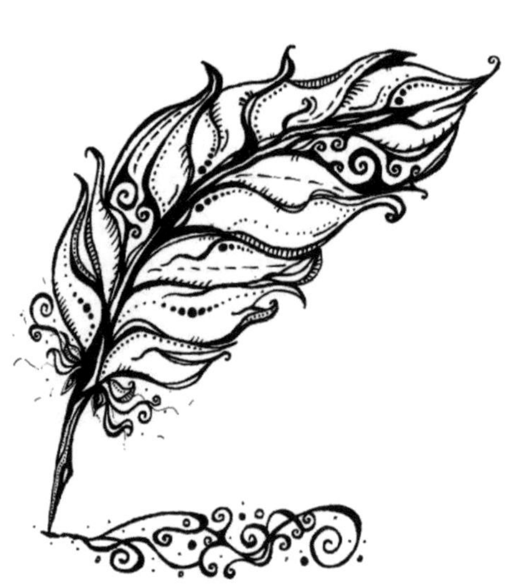

Wolke

Du bist so nah am Meer gebaut
Fliegst hoch und bist Schwindelfrei
Du siehst aus wie ein Wattebausch
Der mir den Weg in den Himmel zeigt

Über Dir scheint die Sonne
Du lässt Dich treiben mit dem Wind
Ich bin von deiner Weisheit ganz benommen
Ich fühle mich frei wenn wir zusammen sind

Und entwickelst Du Dich zum Orkan
Und überkommst mich mit Geschwindigkeit
In Deinem Sturm so feucht und warm
Vergeht mir all meine Müdigkeit

Mit neuem Sauerstoff von Dir vollgetankt
Du Wirbelsturm für meine geschundene Seele
Bin ich auf den nächsten Sturm gespannt
Und so laufe ich dem Unwetter entgegen

Jeder Strauch braucht manchmal Regen
Damit er sprießt und schön gedeiht
Dein Wasser wird zu meinem Segen
Welches mich von meinem Durst befreit

Und entwickelst Du Dich zum Orkan
Und überkommst mich mit Geschwindigkeit
In Deinem Sturm so feucht und warm
Vergeht mir all meine Müdigkeit

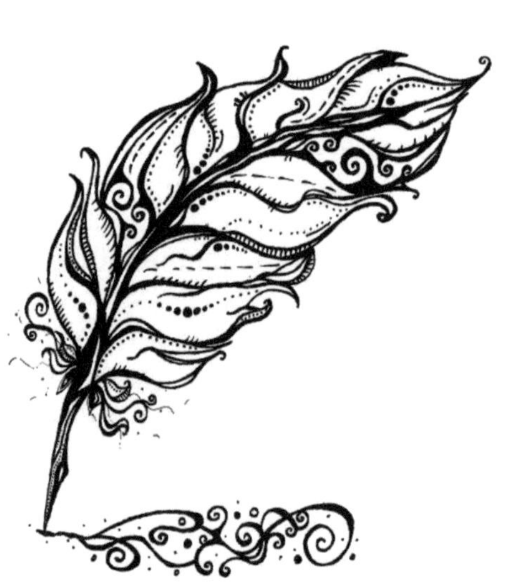

Zwingend

Man sehnt sich nach Geborgenheit
Welche nur einen Namen trägt
Für ein zusammenleben nicht bereit
Weil es einem sonst an Freiheit fehlt

Und es ist so klar dass man sich liebt
Und mit Freude sich in die Arme nimmt
Glücklich darüber dass es jemanden gibt
Doch Gewohnheit den alten Weg bestimmt

Man übergibt den Schlüssel zu seiner Tür
Dies soll ja nur der Anfang sein
Man braucht etwas Raum kann nichts dafür
Um sich zurückzuziehen mit sich allein

Warum alles ändern was ganz einfach ist
Wie schön ist das Leben doch ohne Zwang
Unbekümmertheit die man so sehr vermisst
Auf sein Herz nur hört und seinen Drang

Frischen Sauerstoff in seine Venen lässt
Ungebundenheit einfach nur genießt
Vertrauen gibt und sich darauf verlässt
Dass aus jedem Samen eine Blüte sprießt

Sein Leben zu genießen in Zwanglosigkeit
Liegen dazwischen auch Träume in Scherben
Überlebt um zu existieren in Leichtigkeit
Zwingend ist nur dass wir einmal sterben

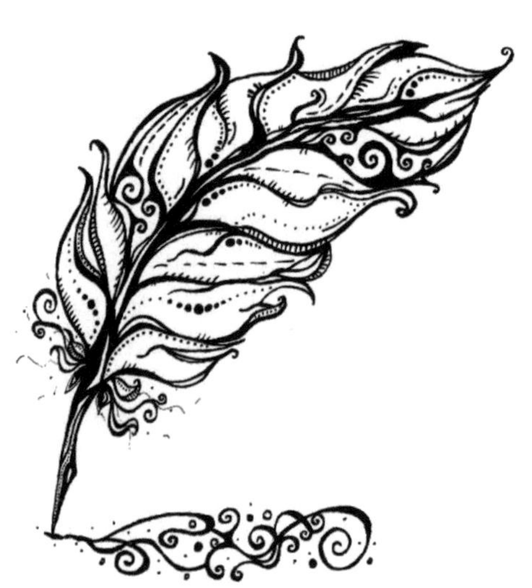

Die Erinnerung

Die Erinnerung ist der Verhalt
Fest verankert in unserem sein
Keine einzige davon lässt uns kalt
Das Leben stellt auch mal ein Bein

Es gibt Gedanken die uns traurig stimmen
Andere entlocken uns ein Lachen
Erfahrungen die uns manchmal besinnen
Dieselben Fehler nicht erneut zu machen

Man wächst nur wenn man sich verhält
Wenn man Kriege auch mal verloren hat
Im Bewusstsein was für einen wirklich zählt
Befreit von Intrigen und von Verrat

Die Erinnerung ist der Verhalt
Sie begleitet uns ein ganzes Leben
Sie bereichert uns und wird mit uns alt
Bestimmt dazu Ratschläge uns zu geben

Und um zu träumen von der Vergangenheit
All die schönen Momente wieder zu genießen
Tut auch manche Erinnerung einem Leid
Müssen auch manchmal alte Tränen fließen

So ist die Erinnerung doch unser Gerüst
Mit viel Mut und Gefühlen aufgebaut
Und nur wer die Erinnerungen begrüßt
Hoffnungsvoll in seine Zukunft schaut

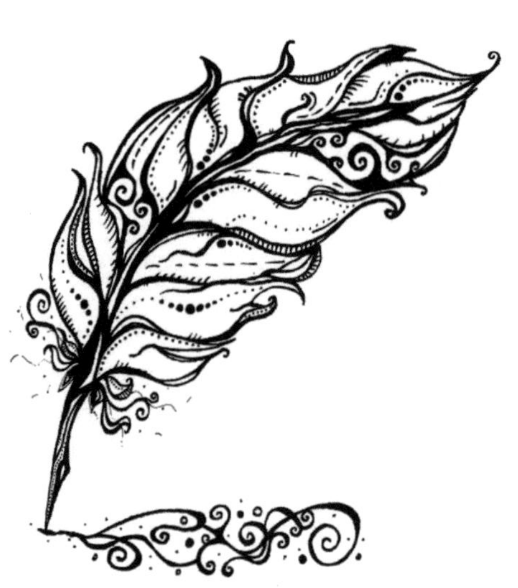

Eigene Pläne

Nicht alleine zu sein und aber
Kommt man sich vor wie ein Kadaver
Hingerichtet sich opfern hat nichts gebracht
Und an eine Trennung schon oft gedacht

Kein Funke und kein Feuer mehr
Darüber nachzudenken setzt man sich zur wehr
Glücksmomente nach denen man sich sehnt
Dem Hochgefühl den Rücken zugedreht

Blicke die sich nicht mehr finden
Körper die sich nicht mehr verbinden
Keine Zärtlichkeit die Welt ist ungerecht
Wenn Glück sich mit einem Alptraum rächt

Ein lieber Kuss verkommt zur Seltenheit
Keine Liebe mehr die von der Last befreit
Liebst du mich will keiner mehr fragen
Hundert Gedanken und sich nichts mehr zu sagen

Routiniert introvertiert zu spät nachgedacht
Selber schockiert zu oft alleine aufgewacht
Die Schlucht einfach zu breit gemacht
Für eine Brücke fehlt es jetzt an Kraft

Was übrig bleibt ist was nicht gefällt
Ein Vegetieren in einer fremden Welt
So wie ein Tier fletscht man die Zähne
Und macht auf einmal seine eigenen Pläne

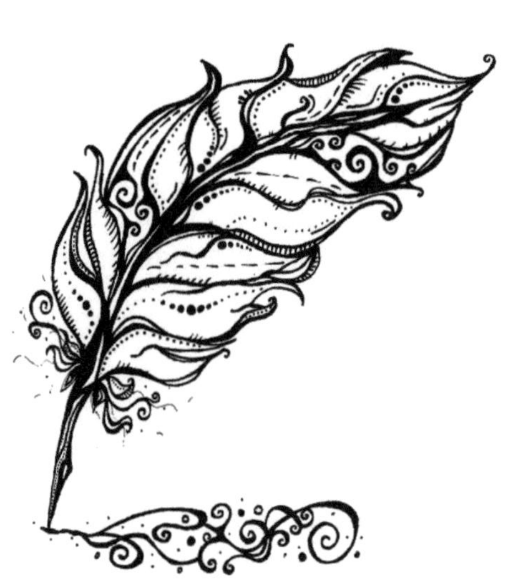

Was Luxus ist

Luxus ist was du in Ihr siehst
Ein Augenblick welcher dich erwärmt
Jede Berührung die du genießt
Während dein Herz nur von Ihr schwärmt

Ihre Augen Funkeln wenn Sie dich liebt
Wenn Sie sich mit dir vermengt
All Ihren Reichtum dir übergibt
Deinen Träumen das wahre Leben schenkt

Wenn Sie dich lenkt zu Ihren Edelsteinen
In Erwartung dass du Sie berührst
Wenn Sie dir sagt es sind die deinen
Vor Freude du fast den Verstand verlierst

Luxus ist was dich glücklich macht
Alle Wünsche die man so oft vermisst
Wenn du lächelnd neben Ihr aufwachst
Sie beobachtest und Euphorisch bist

Stolz wie ein König auf seinem Thron
Benommen vor lauter Glückseligkeit
Diesen Engel der in deinem Innern wohnt
Der alle Ketten sprengt und dich befreit

Luxus ist wenn man endlos Küssen kann
In Zufriedenheit sich nicht mehr wehrt
Beschenkt und beseelt von einem Diamant
So Facettenreich strahlend und unbeschwert

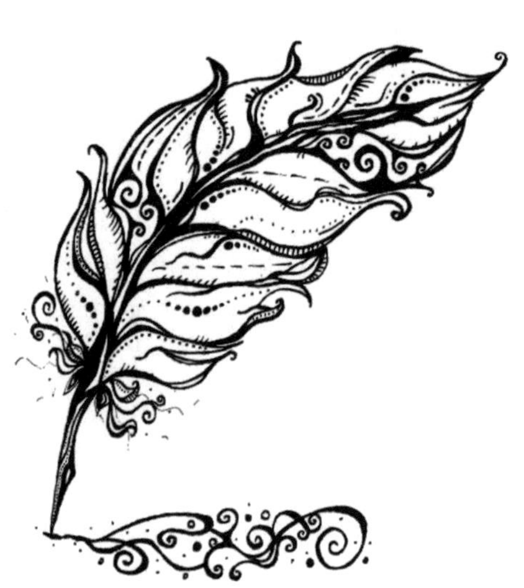

Prophetin

Du siehst was ich nicht sehe
Deine Sicht ist auf Zukunft eingestellt
Siehst die Schritte die wir einmal gehen
All das Gute was uns zwei gefällt

Was uns animiert und uns bewegt
Du schätzt ab wie unsere Chancen stehen
Wie ein Jäger der sein Wild erlegt
Wiederbelebt und um den Finger dreht

Mit Gefühlen und mit Liebe zähmt
Den Weg in die gemeinsame Zukunft zeigt
Lebst du den Traum nach dem du dich sehnst
Überzeugt dass der Zauber für immer bleibt

Deine Seele ist auf mich abgestimmt
Deine Augen haben mich aufgesogen
Du bist die welche meine Last abnimmt
Ich bin noch nie so hoch geflogen

Bis über alle Wolken und weiter hinweg
Um die Sternschnuppen für dich zu zählen
Um auszukosten wie wahre Liebe schmeckt
Um überzeugt mit Herz und Gefühl zu wählen

Um auf deiner Landebahn sanft zu landen
Befreit von den Bedenken und der Einsamkeit
Alle Glücksgefühle sind wahrlich vorhanden
In Vergessenheit gerät der Raum alle Zeit

Meine Prophetin die du immer für mich bist
Mit all deinen Sinnen du mein Leben teilst
Weil du mich verstehst und mir vergibst
Weil du mir den wahren Weg nur zeigst

Ein Gedanke

Ein Gedanke in meinem Gehirn
Wie es wohl wäre mit Dir
Nach was du wohl riechst
Wenn du zu mir kriechst

Nach was du wohl schmeckst
Wenn du dich bei mir versteckst
Wie du dich wohl anfühlst
Wenn du dich um mich bemühst

Wenn du mich befangen machst
Wie du wohl aussiehst wenn du lachst
Wenn du mein Herz für dich gewinnst
Wenn du mir all meine Bedenken nimmst

Wenn du dich einfach fallen lässt
Jeden Moment genießt dich auf mich verlässt
Ob deine Mimik dich dann verrät
Ob dein Herz wirklich für mich schlägt

Hältst du mich fest oder lässt du los
Schreibst du Liebe auch immer groß
Genauso wie man Zukunft schreibt
Der erste Eindruck doch für immer bleibt

Dir sagt ob du angekommen bist
Oder ob du denkst dass es besseres gibt
Ob du wohl deine Phantasie mit mir teilst
Du Glücklich bist und bei verweilst

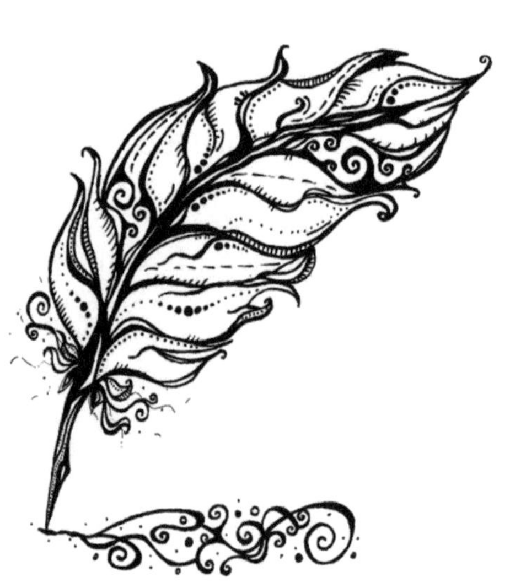

Dafür danke ich dir

In Gedanken versunken
Unglaublich tief empfunden
Ein Bild von dir eingraviert
Auf meinem Herzen von dir signiert

Welches Glück mich übermannt
Nur mit dir in meinem Verstand
Um nur mein eigenes Sein zu spüren
Gehöre ich dir und lasse mich führen

Mit welcher Macht du mich zügelst
Die sich Liebe nennt und mich beflügelt
Sinnvoll mir die Richtung zeigst
Und mit Küssen deinen Namen schreibst

Wenn du dich um mich bewegst
Mir unter die Haut und Haare gehst
Wenn deine Hand bloß die meine hält
Wenn ich dann fühle was wirklich zählt

Warum alles plötzlich so Wertvoll ist
Durch deine Wärme ich nichts mehr vermisse
Weil mein Zuhause deinen Namen trägt
Und jeder Weg mich immer zu dir führt

Wenn unsere Körper sich verbinden
Zusammen sind und sich in Liebe winden
Wirst du zu dem guten Teil von mir
Und lernst mich zu fliegen dafür danke ich dir

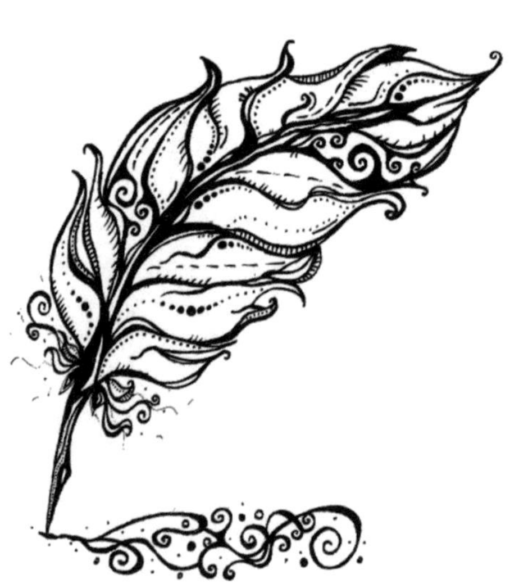

Zu zweit

Zu still ist es wenn man alleine ist
Sehnsuchtsvoll nur ein Gespräch vermisst
Mit keinem Kuss den Tag beginnt
Vegetiert während die Zeit verrinnt
In Einsamkeit sich manche Fragen stellt
In einer Welt die einem so nicht gefällt
Ohne Schulter und nicht angelehnt
Sich nach Liebe und Erfüllung sehnt
Kein gemeinsamer Sonnenuntergang
Niemand der mitzieht an einem Strang
Dumpfe Gefühle in der Überzahl
Das Leben geht weiter man hat keine Wahl

Bis auf einmal eine warme Hand dich hält
Jemand in deine Augen schaut und dir erzählt
Von Liebe und Verlangen unerfüllten Träumen
Von der Angst davor das Wesentliche zu versäumen
Sich mit dem Kopf in deinem Arm vergräbt
Dich festhält und mit dir immer weiter geht
Der Mensch der in dir alle Geister weckt
Der dich beschützt und all deine Wunden leckt
Welcher mit dir die einsamen Stunden teilt
Dich liebt verehrt und immer bei dir bleibt
Nach dir verzehrt und mit dir Geschichte schreibt
Und du verstehst dass es schöner ist zu zweit

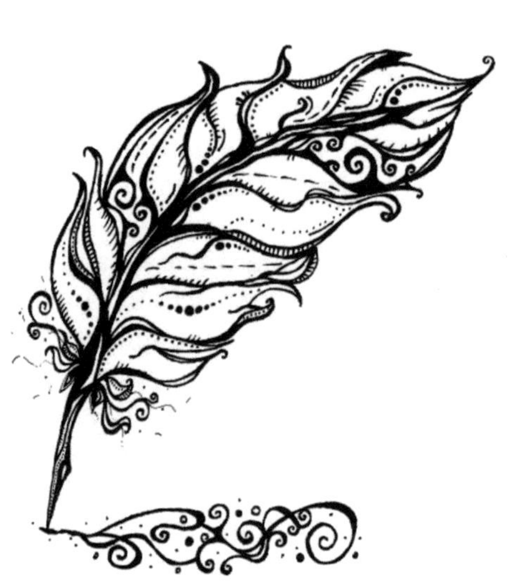

Wenn der Himmel nur Tränen weint

Es ist noch nicht so lange her
Diesen Weg zu gehen fällt so schwer
Noch ein paar Schritte dann sind wir da
Vor der Asche die mal deine Mutter war

Ich kann den Schmerz in deinen Augen sehen
Du kannst Ihren Tod noch nicht verstehen
Die Erinnerung zerreißt dein Kinderherz
Was übrig bleibt ist der Seelenschmerz

Wenn der Himmel nur Tränen weint
Ist dieser Anblick kaum zu ertragen
Mutter und Tochter wieder vereint
Um Blumen an Ihr Grab zu tragen

Ich höre mit was du zu Ihr sagst
Dass du Sie vermisst was du Sie fragst
Ob Ihr Euch wohl jemals wiederseht
Ob Sie dich sehen kann und wie das geht

Und fängst zitternd die Trauerkerze an
Mama ich liebe dich denke immer dran
Nimmt meine Hand ohne aufzusehen
Papa komm es ist an der Zeit zu gehen

Wenn der Himmel nur Tränen weint
Ist dieser Anblick kaum zu ertragen
Mutter und Tochter wieder vereint
Um Blumen an Ihr Grab zu tragen

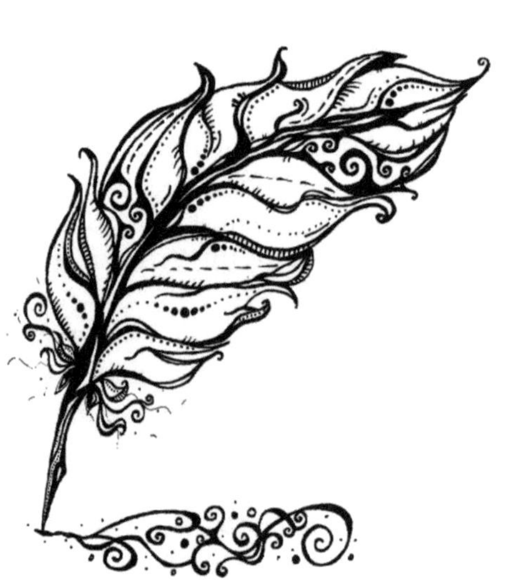

Kleine Hexe

Mit Liebe die alles zusammenhält
Auf alle Lieben aufgepasst
Regierst du in deiner eigenen Welt
Dort wo du jeden verzauberst hast

Wo alle an deinen Augen hängen
Allein dein Blick zieht Sie zu dir hin
Dich verehren wenn Sie an dich denken
Dann bist du anstatt der Hexe Ihre Königin

Zwei Füße auf dem Boden und viel Geduld
Vollgepackt mit ganz viel Temperament
Wer dich verärgert ist selber schuld
Und am besten um sein Leben rennt

Du treue Seele hast du dich entschieden
Mit weiblichen Waffen in deiner Hand
Du tust so gut schließt deinen Frieden
Bringst mit Leidenschaft um den Verstand

Weil langweilig für dich ein Fremdwort ist
Du genießt jeden Moment mit allem Sinn
Verspielt und Romantisch wie du bist
Gibst du dich dann mit Haut und Haaren hin

Kleine Hexe wie man dich gerne nennt
Im Eindruck dass niemand dich versteht
Wie ein Stier du durch jede Mauer rennst
Und schon vorher weißt wie es weitergeht

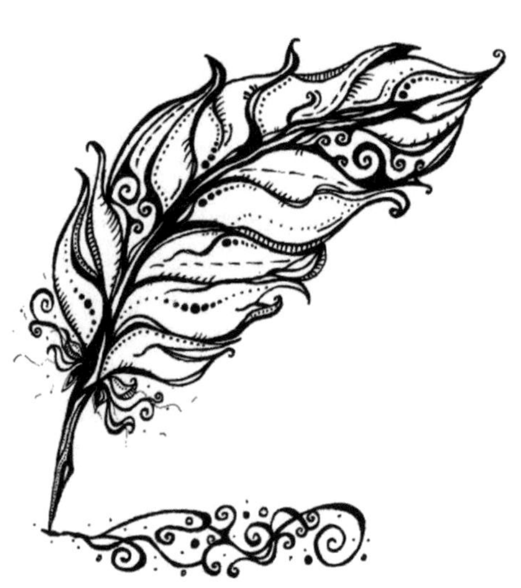

Du bist mein Ozean

Anziehungskraft in Gang gesetzt
Es gibt da kein entkommen
Mit Gefühlen in einen Rausch versetzt
Den letzten Zweifel mir genommen

Mit unsichtbarer Schnur geführt
Ich folge dir auf Schritt und Tritt
Mein Herz erobert und gekürt
Jede Welle von dir reißt mich mit

Überschwemmt mich mit Zärtlichkeit
Spült mich immer wieder zu dir hin
In deinen Arm welcher mich befreit
In dem ich freigeschwommen bin

Unterzutauchen macht mir keine Sorgen
Du beatmest mich von Mund zu Mund
Schwimmst mit mir in der Nacht zum Morgen
Schließen unseren geheimen Bund

Verstehen uns ohne nur ein Wort zu sagen
Gefühltes Glück in jedem Augenblick
Lassen uns von dieser Welle tragen
In Dankbarkeit dass es wahre Liebe gibt

Kein hoher Seegang kein Gewitter
Kein Donnerwetter und auch kein Orkan
Kann mich entreißen aus deiner Mitte
Du bist mein Wasser du bist mein Ozean

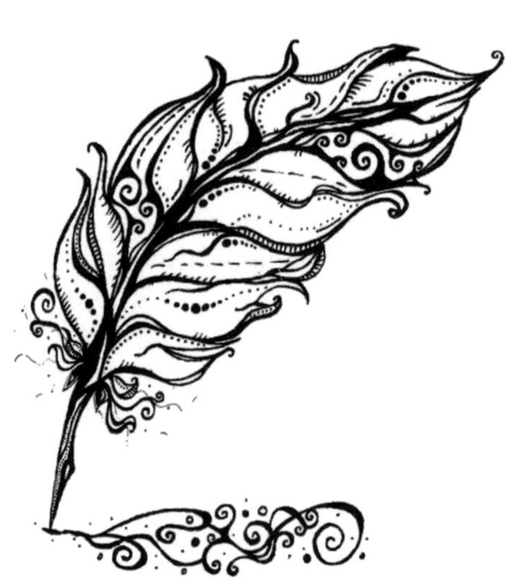

Geboren um zu Lieben

Vertrauen setzt Optimismus voraus
Eine offene Tür in deinem Haus
Einen Zugang zu deinem eigenen Sein
Manchmal enttäuscht jedoch nie alleine

Mit dem Vertrauen tut man sich schwer
Der Missbrauch davon schmerzt so sehr
Man zieht sich zurück ohne Gegenwehr
Und hat keine Hoffnung in die Menschheit mehr

Zutiefst verletzt in deiner sensiblen Seele
Wird es dir trotzdem nie an Vertrauen fehlen
Den Sinn des Lebens schon lange erkannt
Du sortierst nur aus mit deinem Verstand

Du wirst wählerischer mit jedem Jahr
Gescheiter Umsichtiger als du vorher warst
Verlässt dich zunehmend auf deine Intuition
Integre mit Herz und Gefühl lebende Person

Dein Vertrauen muss man sich jetzt verdienen
Dein Leben verläuft auf geordneten Schienen
Grundvoraussetzung nennst du Ehrlichkeit
Mit Lügen verschwendest du keine Zeit

Immer noch bereit all dein Vertrauen zu geben
Menschlichkeit und Fürsorge sind dein Leben
Verständnis wird bei dir nur großgeschrieben
Geboren um zu Vertrauen geboren um zu Lieben

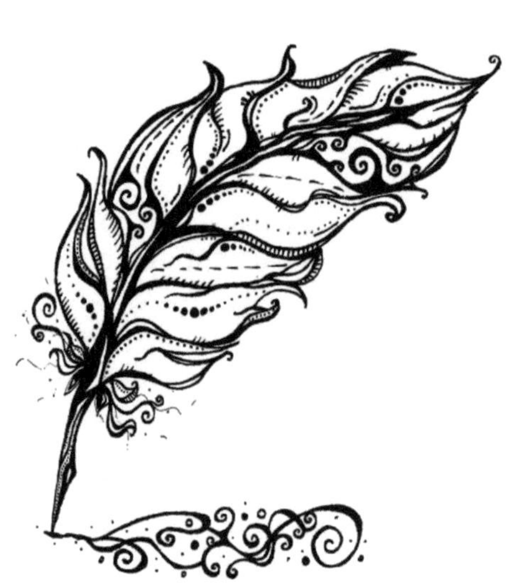

Eine Blume

Jeder Mensch verfolgt sein Ziel
Welches mit Gefühl verbunden ist
Manchmal sind diese nur vorgespielt
Erinnerungen die man nie vergisst

Erfahrungen aus gutem Grund gemacht
Um herauszufinden wer man wirklich ist
Nach Erfüllung gesehnt in mancher Nacht
In Unzufriedenheit dann seine Augen schließt

Um seine Wünsche sich zu erträumen
Um zu schweben wohin der Wind hin weht
Ohne die Angst wesentliches zu versäumen
In einer Welt wo es nur um Liebe geht

Bis man ausgesucht und auch gefunden hat
Was einen berührt und einem so sehr gefällt
Ein Mensch der einen befreit von jeder Last
Auch wenn man wankt einen immer hält

Sinnvoll mit Leidenschaft das Sein genießt
Die Bedeutung der Liebe schon lange erkannt
Wie eine kleine Blume die in die Höhe sprießt
Welche sich für all diese Geduld bedankt

Auserkoren um stets gepflegt zu werden
Beschützt vor allen Naturgewalten
Bereit um zu blühen für einen auf Erden
Wer sich um Sie bemüht darf Sie auch behalten

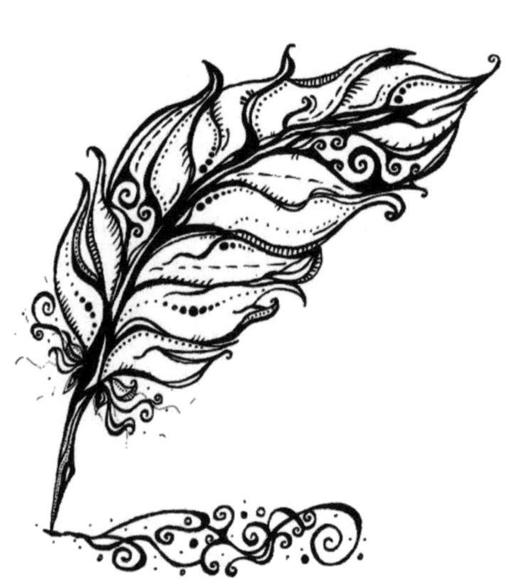

Wenn es auf deine Seele schneit

Du spürst wenn etwas nicht stimmt
Ein schlechtes Gefühl die Überhand gewinnt
Ein kleiner Zweifel wächst zu einem Geschwür
Überfällt deine Gedanken und dein Gehirn

Die Sicherheit hat ihre Koffer vollgestopft
Tausend Fragen schwirren in deinem Kopf
Sie plagen dich und foltern dein Gewissen
Ein paar Jahre einfach weg geschmissen

Für die Erfahrung tut es dir nicht Leid
Wenn es auch grade auf deine Seele schneit

Der Dreck wird nie ganz fortgeschwemmt
Es bleibt mehr zurück als man selber denkt
Bildet sich zu Kristallen die in dir hängen
Die dich zum Nachdenken in die Ecke drängen

Funkelnder Schmerz welcher dich beschützt
Durch Ihn wirst du nie wieder ausgenutzt
In vielen Monaten dich formt und schleift
Deine Diamantenseele die nur dich begreift

Für eine neue Liebe bist du jetzt bereit
Wenn es auch manchmal auf deine Seele schneit

Aus jedem alten Traum schon lange erwacht
Küsst du ein neues Glück was für dich lacht
Und so fühlst du dich wie Neugeboren
Aus Liebe entstanden und zum Lieben geboren

Bist du weiter gelaufen weil der Zeiger sich dreht
Um die Hand zu finden die dich hält und mit dir geht
Die Erfüllung deiner Sehnsucht so lange vermisst
Kannst du jetzt spüren dass du angekommen bist

Dein Blick sagt jetzt wirklich jedem bescheid
Und du genießt jede Flocke die in dich schneit

Mit einem guten Gefühl

Erstaunlich wie du dich bemühst
Mit tausend Küssen mich begrüßt
In den Arm mich nimmst und mich drückst
Da spielt sofort meine Phantasie verrückt
Und wie du duftest ist ein Genuss
Lust zum Lieben im Überfluss

Das Fußballspiel ist mir ganz egal
Zieh dich aus und trage nur den Schal
Ich spiele dann auf deinem Feld
Weil deine Spielwiese mir so sehr gefällt
Wenn meine Finger zu Spielern werden
Es keinen Sinn mehr macht sich zu wehren

Ein Rückspiel ist die Strafe jetzt dafür
So ansteckend und unersättlich ist deine Gier
Meine Abwehr dann auf einmal schwimmt
Weil deine Offensive jedes Spiel gewinnt
Weil deine Taktik einfach die bessere ist
Und du nur zufrieden wenn du die erste bist

Meine Stürmerin in so mancher Nacht
Aus allen Träumen hast du mich erwacht
Mich geliebt und in den Schlaf gestreichelt
Mit schwerem Atem mich umschmeichelt
Diese Momente bedeuten mir so viel
Und schlafe ein mit einem guten Gefühl

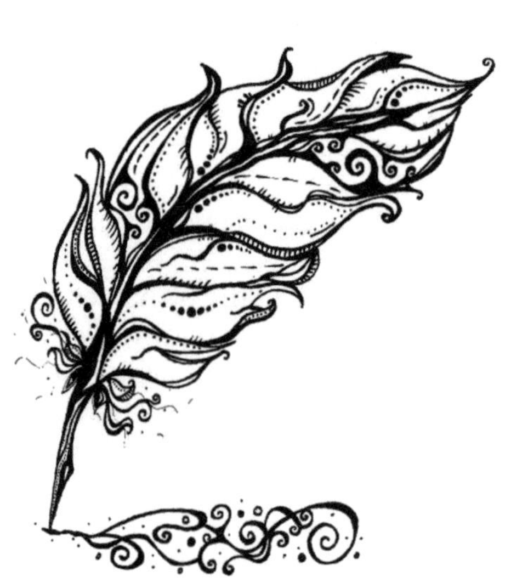

Neuer Mut

Freiheit ist wenn man genießt
Was seiner Seele Freude macht
Mit seinem Kopf Frieden schließt
Weil einem das Glück so lacht

Ungezwungen sich frei bewegt
Mit allen Sinnen das Leben spürt
Wo es einen hinzieht einfach geht
Vom Verlangen zum Ziel geführt

Von einem Lächeln angezogen
Wenn das Herz voller Gefühlen ist
Jungfräulich noch nie belogen
Vor Sehnsucht Raum und Zeit vergisst

Kurz davor einfach abzuheben
Blindflug wohin es einen treibt
Aus dem Drang Liebe zu geben
Welche für immer Geschichte schreibt

Du wirst wach hast nur geträumt
Dabei den Alltag bloß verflucht
Deinen Kopf kurz aufgeräumt
Für dich nach wärme nur gesucht

Nach der Hand die dich grade hält
Dich streichelt und dir nur gutes tut
Wenn das große Gefühl auch manchmal fehlt
Gibt dir jede Berührung neuen Mut

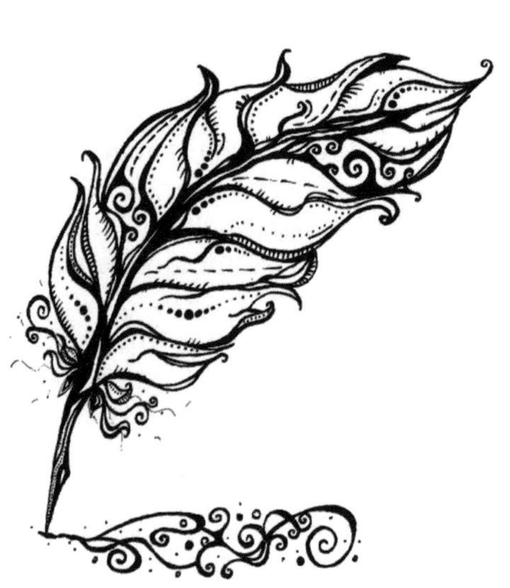

Falten und wahre Liebe

Ein paar Falten
Tränen aus Guten Grund
Zwei Hände zum halten
Und zum Küssen einen Mund

Ein riesengroßes Herz
Welches für mich laut schlägt
Schuldig jedoch unversehrt
Mich auf deiner Wolke trägt

Mit Sehnsucht im Blick
Mich begleitet wohin ich gehe
In Liebe mich zum Teufel schickt
Mich foltert bis ich gestehe

Voller Lust mich ergebe
Um in deiner Obhut zu verweilen
Um Träume zu erleben
Um gemeinsam Zukunft zu schreiben

Um Pläne zu schmieden
Jetzt und für die Ewigkeit
Mit Falten und innerem Frieden
Mit Gefühl und Zärtlichkeit

Mit Stolz dich herzuzeigen
Dankbar dass es dich gibt
Ehrfürchtig alle Zweifler schweigen
Wenn wahre Liebe siegt

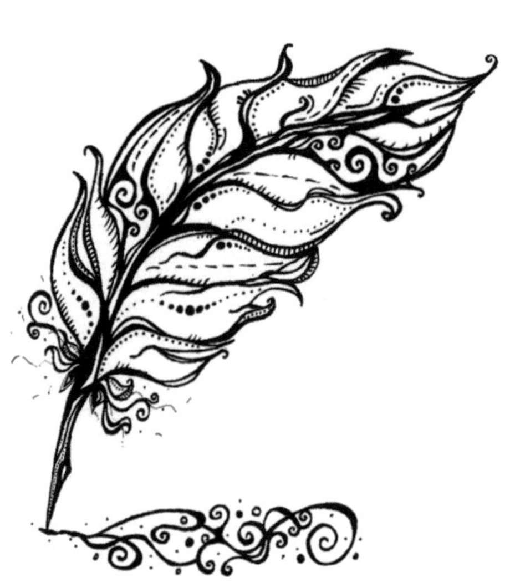

Jeff Huber

„De Poet"

Es ist mir eine Freude und Ehre Ihnen, meinen
Freund und Kollegen, Rosch Peiffer alias "De Poet"
an dieser Stelle vorstellen zu dürfen.

Vor zirka 14 Jahren lernte ich ihn durch unseren
gemeinsamen Arbeitgeber kennen. In unseren
ersten gemeinsamen Gesprächen bemerkte ich
sofort, dass dieser Mensch etwas sehr Besonderes
ist. Seine Ehrlichkeit und sein starkes Einfühlungs-
vermögen ein menschliches Unheil hat mich unheimlich
berührt.

Leider hatte auch er, wie viele Menschen, einige mehr
oder weniger schlimme Schicksalsschläge zu verkraften.
Aus diesen ging er aber immer wieder gestärkt hervor.
Der Poet ist ein Künstler, der mit seinen Gedichten und
Versen unter anderem sein bisheriges Gefühlsleben
Durchleuchtend erzählt. Er gehört nicht zu den Autoren
die auf dem heute gängigen Karriereweg über Literatur-
schulen und Arbeitsstipendien zum Erfolg gelangen
möchte. Im Gegenteil, mit dem Schreiben begann Rosch
schon in seiner Kindheit und wurde immer mehr zu einer
Leidenschaft mit dem Traumziel, eines Tages sein eigenes
Buch zu veröffentlichen.

Noch nie vorher hatte ich
jemanden gesehen der mit seinen Gedichten
und Versen so mühelos seine Leser begeistert.
Schnell bemerkte ich dass „De Poet" im Alltag
ebenso schlagfertig klug und sympathisch ist.
Das ist für viele Schriftsteller keineswegs
typisch. Ich freue mich aus tiefstem Herzen,
dass sich mit der Veröffentlichung dieses
Buches sein Jugendtraum erfüllt hat.

Ich wünsche allen Lesern eine angenehme und
inspirierende Lektüre.

Mein Freund

Du musst dich nicht vergleichen
Niemand kann so sein wie du
Du brauchst keinem das Wasser reichen
Dass ich dich Liebe gebe ich gerne zu

Mit Leichtigkeit dich zu tolerieren
In Bescheidenheit hinter dir zu stehen
Stolz darauf in deinem Leben zu existieren
Diesen Weg ein Stückwerk mit dir zu gehen

Alle Freude und Leid mit dir zu teilen
Dich zu halten wenn du mal schwankst
Ich könnte Stundenlang bei dir verweilen
Weil du mit Toleranz dich bei mir bedankst

Auf dich kann man immer wieder zählen
Wenn du dich einmal nur entschieden hast
Ich brauche bloß deine Nummer zu wählen
Und du tust alles was du nur tuen kannst

Freunde sind wahrlich schwer zu finden
So wie ein Kleeblatt was vier Blätter trägt
Sich in Freundschaftlichkeit zu verbinden
Die zweite Meinung ist welche dich auch prägt

Weil er dich verstehen und dich fühlen kann
Weil seine Worte Balsam für deine Seele ist
Weil du deinem Freund blind vertrauen kannst
Weil er genau weiß wie du tickst und wer du bist

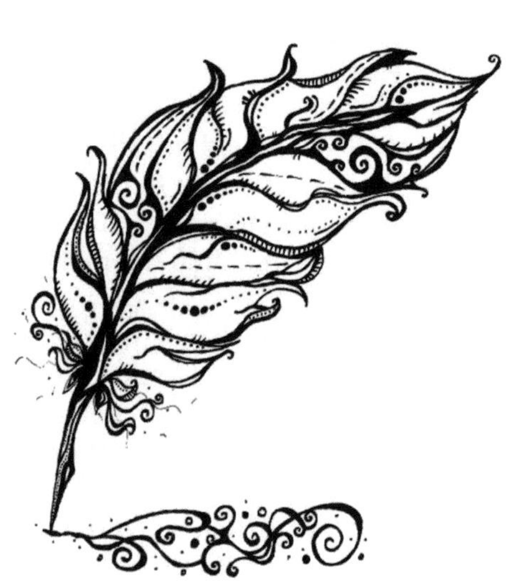

Rekrutierte Idioten

Wir werden von ihrem Schema überwacht
Weil sie sich darauf verlassen
Psychologen haben sich das ausgedacht
Für Millionen Euro in ihren Taschen
Anscheinend hat das seinen Grund
Diese Herren haben das Gehirn studiert
Sie legen der Chefetage die Wörter in den Mund
Nur wer funktioniert wird auch rekrutiert

Es muss wohl viele dumme Menschen geben
Diese lassen sich ja nicht belehren
Weil Sie Fehlentscheidungen nicht verstehen
Und sich gegen Ungerechtigkeit wehren
Sie haben den Psychotest nicht bestanden
Steht im Brief vom Big Boss signiert
Sie haben unsere Firmenphilosophie nicht verstanden
Denn nur wer funktioniert wird auch rekrutiert

Bei all dem Blödsinn liegt die Frage nahe
Ist die halbe Menschheit wie von Sinnen
Vielleicht waren die Manager ja vor dem Herrgott da
Kann die Habgier gegen alle Vernunft gewinnen
Wenn Menschlichkeit nichts mehr zählt
Wenn uns dieser Idiotismus nicht mehr irritiert
Dann hat der Mensch den falschen Weg gewählt
Und wir alle zusammen als Idioten rekrutiert

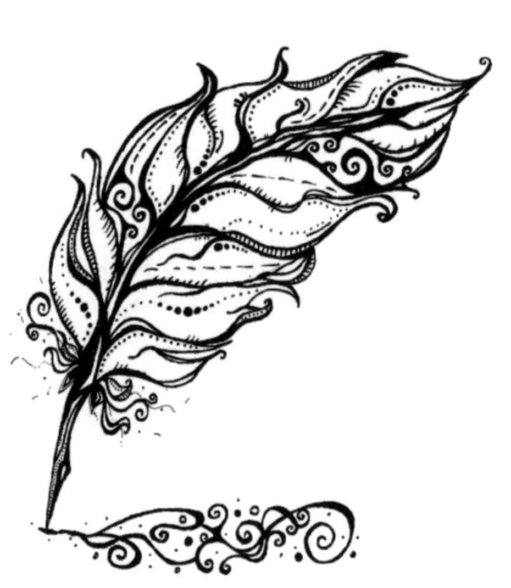

Wartezeit

Schmuckstücke ungeschliffen
Die immerzu meinen Namen riefen
Frohlockend im Jugendstil
So unbedeutend wie ein Spiel
Lehrreich wie das Leben
Lektionen im nehmen und geben
Darauf warten mehr zu spüren
Mit allen Sinnen zu berühren
Abzuschweifen von der Gleichgültigkeit
Im sinnlosen Meer von Raum und Zeit
Wenn die Nacht sich zum träumen lohnt
Ist dieses Gefühl auch ungewohnt
Zu wissen dass jemand sich nach mir sehnt
In Geborgenheit sich an mich lehnt
Mir flüstert dass sie mir vertraut
Mir dabei zärtlich in meine Augen schaut
Voller Sehnsucht und einer Prise flehen
In der Hoffnung dass ich verstehe
Dass dieses Empfinden unerreichbar bleibt
Dass das Glück es mit uns übertreibt
Mit Wohlwollen uns überschüttet
Zum Lebenstanz uns auf die Piste bittet
Voller Leidenschaft die uns befreit
Das Ende einläutet von unserer Wartezeit

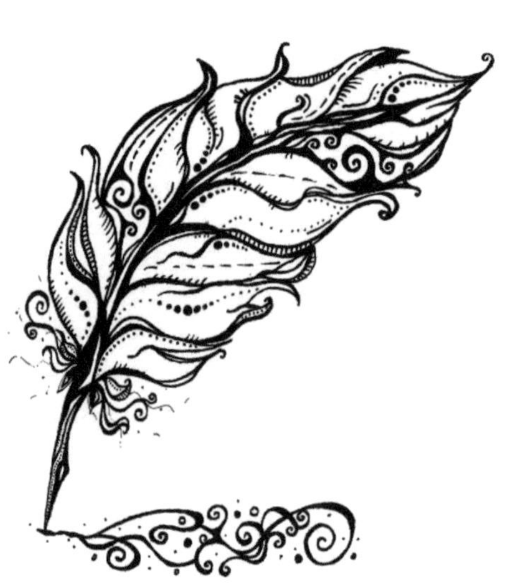

Gedanken

Ein Auszug dessen was mich bewegt
An was ich dabei denke
Wenn sich alles um dich dreht
Wenn ich dir meine Gedanken schenke

Gut überdacht
Mich selbst hinterfragt
In so mancher kalten Nacht
Mich mit mir herumgeplagt

Wenn mein Herz mich dazu verleitet
In der Vorstellung nicht allein zu sein
Von dir gewärmt von dir begleitet
Und dabei lässt du mich ich selber sein

So schwer fällt mir zu vertrauen
Wo ich herkomme herrschte Krieg
Um meine Ruine neu aufzubauen
Mit deiner Liebe die nach Leben riecht

Wenn alle Überzeugung fast nicht reicht
Weil etwas Angst doch übrig bleibt
Ein Kuss von dir mein Herz erweicht
Während du mir deine Gedanken beichtest

Deine Pläne reißen mich mit dir fort
Du schließt mit mir deinen Bund
Du versprichst mir mit jedem Wort
Und du unterschreibst mit deinem Mund

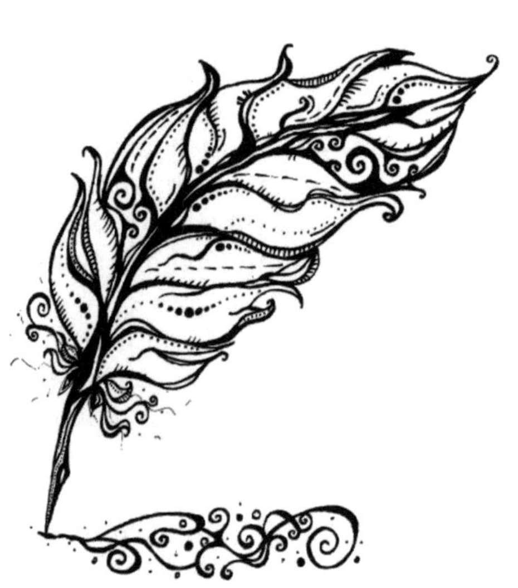

Mr. Parkinson

Fick dich Mr. Parkinson
Dein Name ist mein verderben
Ich zittere nur das weist du schon
So wie ich weis dass ich an dir sterbe

Ich habe mir dich nicht herausgesucht
Doch ich muss dich wohl ertragen
Das Leben hat mich arg verflucht
Verzeih doch ich kann nicht danke sagen

Weil ich dich hasse wie die Pest
Weil du mir alle schönen Gedanken nimmst
Die Wahrheit über dich gibt mir den Rest
Weil du deinen Hunger mit mir stillst

Mein Spiegelbild kann nicht lügen
Ich erkenne mich selbst kaum wieder
Ich muss mich meinem Schicksal fügen
Lege durch dich meine Flügel nieder

Weil mir die Kraft zum Schwingen fehlt
Du stellst meine Füße auf die Erde
Dein Wahnsinn der auf meinen Zehen steht
Von dem ich mich nie befreien werde

Mit deiner Macht die mir meinen Atem nimmt
Verwelkt meine Blume zur Illusion
Diktatorisch jeden Krieg gewinnst
Ich mag dich nicht Mr. Parkinson

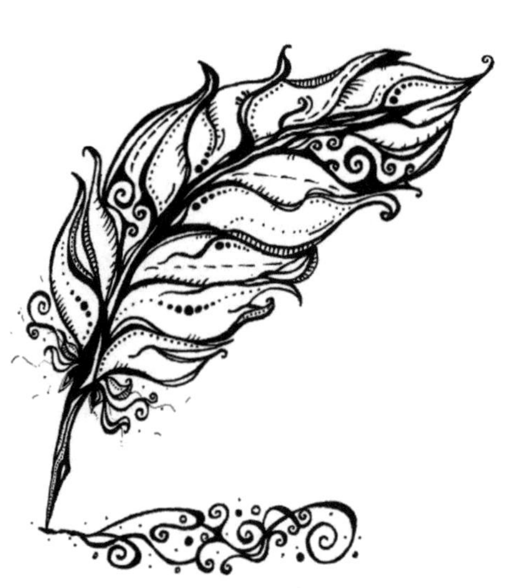

Aus dem Nebel

Du hast dich grade dabei erwischt
Deine Sicherungen sind durchgebrannt
Deine Gefühle haben sich eingemischt
In deiner alten Welt total verrannt

Du lebst im Nebel fühlst dich alleine
Siehst keinen Schritt mehr den du gehst
Verlierst die Kraft in deinen Beinen
Vor lauter Irrsinn den du nicht verstehst

Weil es dir reicht hast du genug
Du hast zu lange auf dem Drahtseil jongliert
Deine Entscheidungen zu oft verflucht
Daneben gelebt ohne Herz nur funktioniert

Den Clown vom Dienst hast du gespielt
Deine rote Nase nicht mehr ausgezogen
Mit einem Lachen welches sich falsch anfühlt
Du hast aus Rücksicht nur dich selbst belogen

In der Hosentasche hast du die Faust gemacht
Jede einzelne Träne hast du unterdrückt
Bei jedem schlechten Witz einfach mitgelacht
Den ganzen Mist einfach hinuntergeschluckt

Du stehst ganz unten stellst dir die Frage
Wie weit es wohl bis zum Gipfel ist
Den Berg hinauf alle Last zu tragen
Der Sonne entgegen bis du aus dem Nebel bist

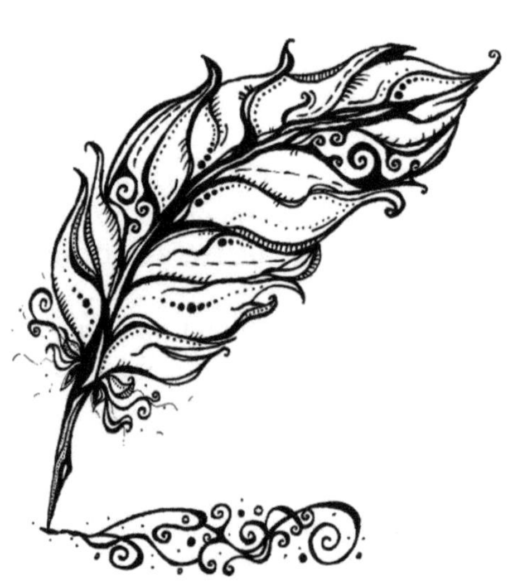

Wahnsinnszeit

Verschwunden in der Atmosphäre
Jedem Traum einfach entrückt
Ein Staubkorn in der Leere
Von der Masse fast zerdrückt

Stillstand bedeutet sich nicht bewegen
Im Gefängnis deiner Einsamkeit
Verboten war es sich dir zu überlegen
Welcher Weg dich davon befreit

Mit dem Wind davon geflogen
Keine Sekunde zurückgeschaut
Neuen Sauerstoff aufgesogen
Dem eigenen Gefühl blind vertraut

Katapultiert in das ewig Weite
Hauptsache weit genug entfernt
Dein Buch schreibt jetzt neue Seiten
Auf dem Weg zu deinem Stern

In dein Leben welches dir gehört
Nur du zu sein das Recht dir gibt
In deinem Sein dich niemand stört
Dir zuhört und dich von Herzen liebt

Wie du bist mit dir leben kann
Deine Fehler annimmt und verzeiht
Bis du zurückblickst irgendwann
An diese turbulente Wahnsinnszeit

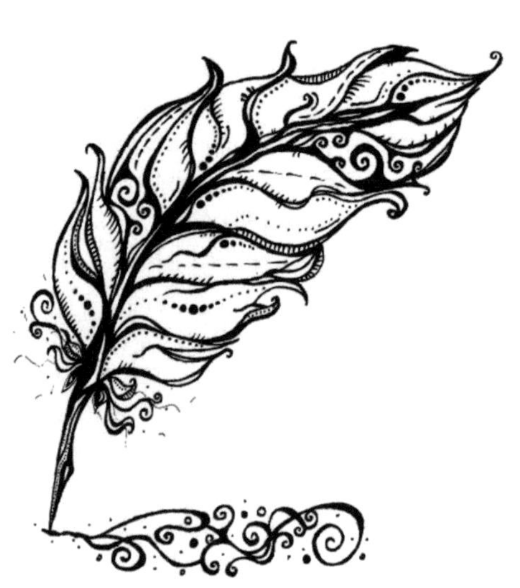

Ein Kompliment

Ich sehne mich nach Ehrlichkeit
Viel zu lange schon ist es her
Die Einsamkeit hält sich bereit
Ich erwarte mir noch so viel mehr

Der Alltag welcher an mir nagt
Gleichgültigkeit fast überwiegt
Wer ich bin ich mich öfter frage
Ob es vielleicht an mir selber liegt

Deine Stimme dir mir so fehlt
Dein Sinn den ich mit dir teile
Unser Traum der nicht weitergeht
Eine liebevoll Geschriebene Zeile

Ein paar Silben nur ein Wort
Ausgeatmet mit einen Hauch
Verführt mich zu deinem Ort
Zu deiner Liebe die ich brauche

Die mich besänftigt an jedem Tag
Die mich umarmt und mich beschützt
Mir zuhört wenn ich mich beklage
Verständnisvoll mich unterstützt

Mich behütet vor negativen Gedanken
Weil niemand so wie du mich kennt
Liebst du mich in meine Schranken
Und machst mir liebevoll ein Kompliment

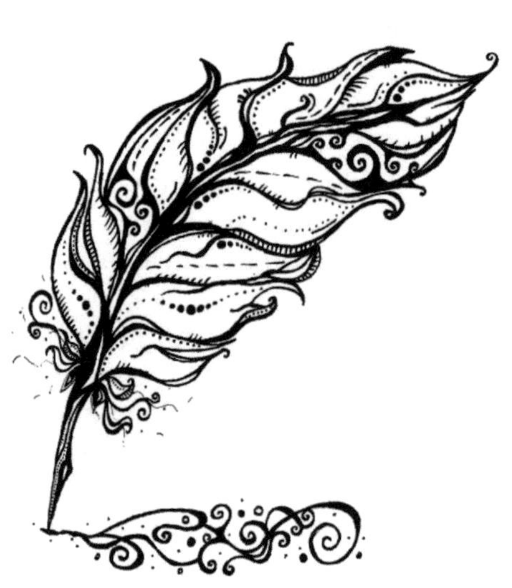

Komm her

Du fragst dich wo du grade stehst
Und wie es wohl für dich weitergeht
Die Welt dreht sich dir zu schnell
Du verpasst den Sprung auf das Karussell

Du spielst nur mit im schnellen Spiel
Dabei wird dir alles doch viel zu viel
Deine innere Ruhe die fehlt dir schon
Und ein Haufen Liebe sowieso

Du hast einen Plan du glaubst daran
Dass du ihn verwirklichst irgendwann
Siehst am Ende des Tunnels noch kein Licht
Du stehst mit dir selber noch vor Gericht

Existierst immer noch in dich gekehrt
Du hast das Fliegen schon fast verlernt
Du vertraust keiner Menschenseele
Nicht viele mehr können dich verstehen

Du fragst dich wie das möglich ist
Warum dich das große Glück nicht küsst
Wer kann dir deine Schuld beweisen
Sprichst du etwa zu laut oder doch zu leise

Komm ich nehme dich in den Arm
Ich streichle dich ich halt dich warm
Komm her lass dich von Gefühlen treiben
Komm her und sag mir ich soll bei dir bleiben

Komm her...

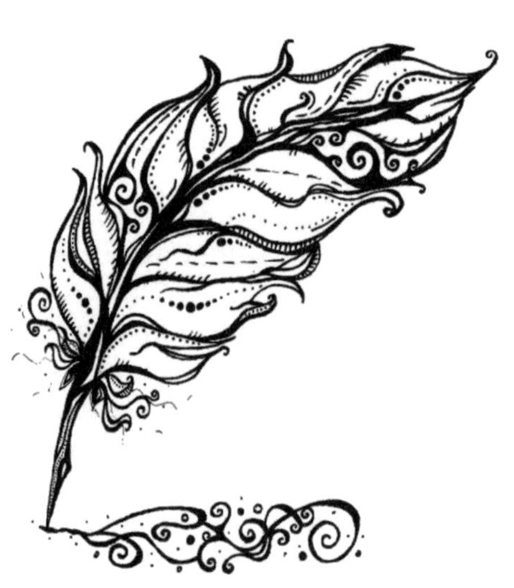

Du fragst

Du hinterfragst meine Liebe
Du küsst mich auf meinen Mund
Du fragst mich nach meinen Trieben
Ob du anfängst mit richtig gut zu tun

Du fragst mich was ich empfinde
Obs du die bist die ich so sehr brauche
Mich sehne oder etwa überwinde
Ob ich Schmetterlinge habe in meinem Bauch

Du fragst mich an was ich grade denke
Schaust mich dabei verlangend an
Ob ich mit Haut und Haaren an dir hänge
Oder ob ich an uns Zweifeln kann

Du befragst mich nach meinen Träumen
Wenn ich mich bewege in der Nacht
Ob ich Angst habe etwas zu versäumen
Und hast du heute schon an mich gedacht

Du fragst kannst du mit mir fliegen
Ob du mich auch in meinem Herzen berührst
Kann das Universum uns zu Füssen liegen
Das Leben teilen welches uns gebührt

Du fragst mich ob ich dich verstehe
Du magst dich nur mit deinem Herz verbinden
Ob ich bereit bin mich ganz herzugeben
Auf dem Startplatz stehe um zu gewinnen

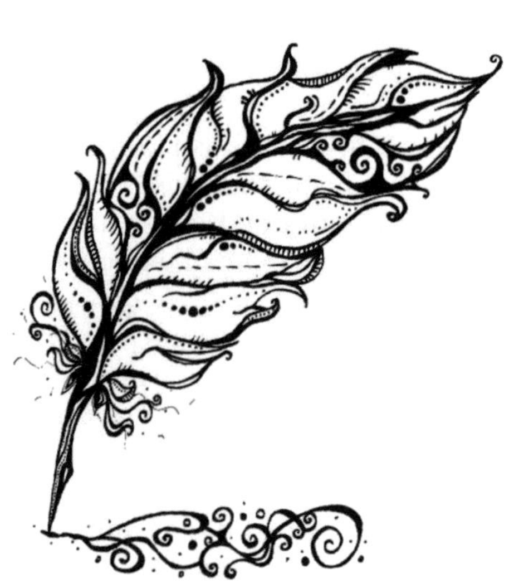

Die letzte Kerze

Ein romantisches Dinner
Nur wir zwei bei Kerzenlicht
Du bist wunderschön wie immer
Dein Anblick verzaubert mich

Betört mich mit allen Sinnen
Jede Faser will nur bei dir sein
Um dich für ewig zu gewinnen
Um dich zu lieben im Kerzenschein

Wenn nur deine Hand mich hält
Glücklicher kann ich nicht werden
Weil sich alles um Gefühle dreht
Um unsere Zukunft auf dieser Erde

Um zu teilen was nur uns gehört
Was selten und unbezahlbar ist
In unserem Nest ganz ungestört
Um dich zu genießen so wie du bist

Meine Phantasie welche du beflügelst
Die mich nur nach dir süchtig macht
Dein Sein das sich in dem meinen spiegelt
Um sich zu vereinen in mancher Nacht

Entlockt es uns geliebtes stöhnen
Bis die Sonne das Dunkle bricht
Hören wir nicht auf uns zu verwöhnen
Bis die letzte Kerze auch erlischt.

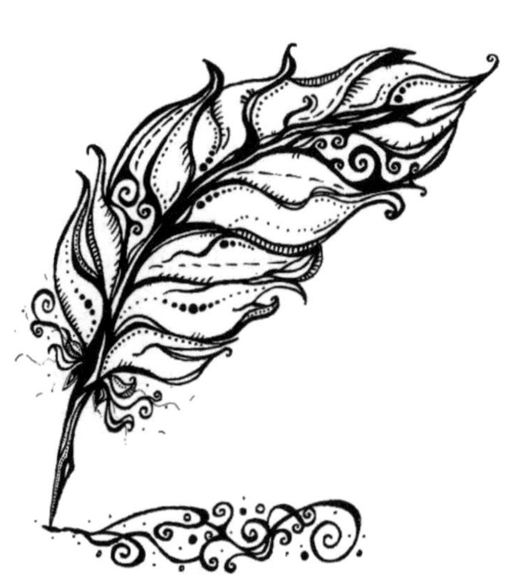

Wir fliegen

Komm und lass uns fliegen
Ich möchte mich um dich drehen
Bleib in meinem Kissen liegen
Lass mich in deine Augen sehen

Lass uns diesem Tag enteilen
Mit Zärtlichkeit und gutem Willen
Lass mich auf deinem Schoss verweilen
Lass uns unser Verlangen stillen

Unsere Lust das Leben zu spüren
Und alles was uns wichtig erscheint
Wir lassen uns von unseren Gefühlen führen
Genießen einfach alles was uns vereint

Wie magnetisch sind unsere Wesen
Wie Magisch zueinander angezogen
Und in deinen Augen in denen ich lese
Ich bin so gut bei dir aufgehoben

Sie erwärmen mich wenn sie mir erzählen
Wie bedeutungsvoll unsere Liebe ist
Dass diese Gefühle dir Flügel geben
Du befreit bist und auch nichts vermisst

Das Ziel nach dem wir beide streben
Auch wenn du mir den letzten Atem nimmst
Bin ich glücklich dich zu erleben
Küsse mich und flieg mit mir wohin du willst

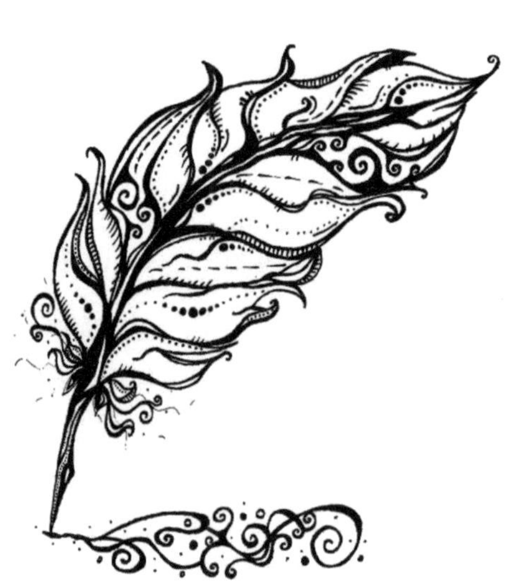

Hoffnungslos abhängig

Ich habe zu viel von dir probiert
Deine Drogen haben mir gut geschmeckt
Sie haben mein altes Leben ausradiert
Süchtig meine Hand nach dir ausgestreckt

Wenn ich dich mit meiner Nase inhaliere
Mein Gehirn mit der weißen Fahne winkt
Wenn meine Zunge dich ausprobiert
Und wenn dein Flash in meinen Augen blinkt

Besitzergreifend berauschend und zügellos
Ohne deinen Stoff fühle ich mich verloren
Ich komme von dir nie wieder los
Mit dir fühle ich mich wie neugeboren

Ich laufe jeden Tag hinter deinem Dealer her
Um ein paar Gramm von dir zu kriegen
Vom Entzug ist sonst mein Kopf so leer
Eine Prise von dir und ich kann fliegen

Sie erfüllen den Zweck von meinem Sein
Ich kann an gar nichts anderes mehr denken
Willenlos bin ich dann mit dir allein
Um meiner Seele Glücksgefühle zu schenken

Komplett High wenn ich dich konsumiere
Dein Rausch bringt mich um den Verstand
Wenn ich deine ganze Wirkung spüre
Einschlafe mit meiner Droge in meiner Hand

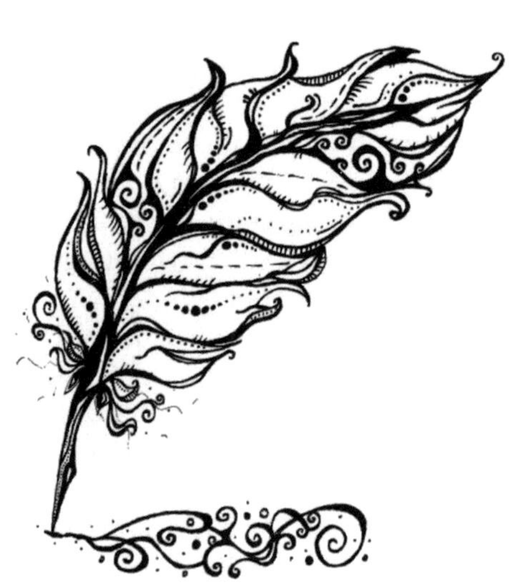

Als wir noch Menschen waren

Bewaffnet mit Pfeil und Bogen
Mit geklautem Messer selbst geschnitzt
Durch die Wälder sind wir gezogen
Wir haben Früchte für uns stibitzt

Kartoffeln gegrillt auf offenem Feuer
Uns Geschichten dazu ausgedacht
Von fiesen Monstern und Ungeheuern
Wer Angst hatte wurde ausgelacht

Ohne Geld und in geflickten Socken
Mit den Freunden auf dem großen Stein
Unser Leben war so verlockend
Vielleicht zu arm waren wir doch nie alleine

Warme Regentropfen auf trockenem Staub
Man wünscht sich die Zeit bleibt stehen
Wenn man die Freiheit hat sich zu erlauben
Zurück zu blicken und zu verstehen

Dass wir an sich Naturverbunden sind
Dass auch das schlimmste Unwetter vergeht
Dass man sich Zeit nimmt und sich besinnt
Dass sich die Welt nicht um uns dreht

Sie besteht aus kleinen Kleinigkeiten
Die sich einem irgendwann offenbaren
Ein Rückblick auf diese unversehrten Zeiten
Als wir ungehemmt noch Menschen waren

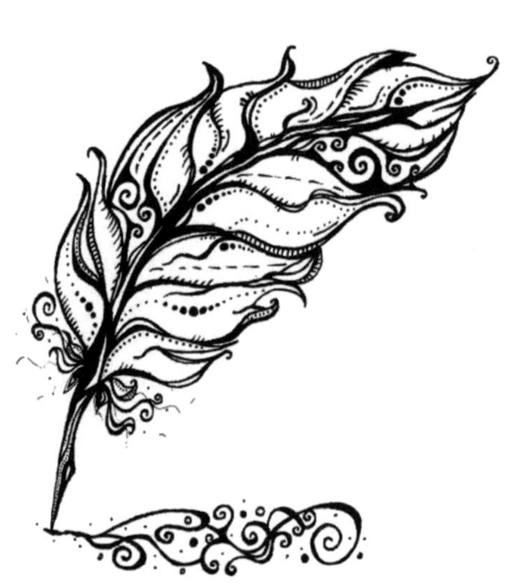

Spüren

Wenn meine kleine Welt
Für mich im dunkeln liegt
Wie ein Kartenhaus zusammenfällt
Wenn der Trübsal siegt

Wenn ich aufgebe mich verstecke
Versuche einfach abzutauchen
Um mache Wunden zu lecken
Um mich aufzubrauchen

Wenn ich alles so bedenke
All das was mich traurig stimmt
Unfähig bin mich abzulenken
Wenn der Frust mich übernimmt

Der Meinung bin dass es das war
Kraftlos und bereit zu resignieren
Selbst die Hoffnung ist nicht mehr da
Machtlos alle Lust verliere

Die Sinnlosigkeit die mich begleitet
Weil mir dann alles nur missfällt
Wenn der Teufel auf meiner Schulter reitet
Mich beherrscht und die Zügel hält

In mein Ohr flüstert und mir verspricht
Vertraue mir ich werde dich führen
Kommt deine Hand wie aus dem nichts
Und lässt mich deine Liebe spüren

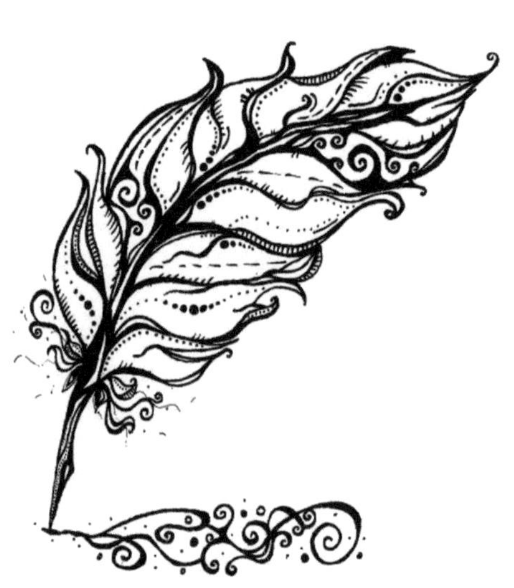

Wenn niemand mehr etwas dazu sagt

Es ist unheimlich still geworden
Wir reden Sätze ohne Sinn
Und machen uns nicht mal Sorgen
Wir nehmen nur einfach alles hin

Alles erscheint so abgeflacht
Ausgelebt und ohne Euphorie
Lustlosigkeit übernimmt die Macht
Schweremut erstickt die Phantasie

Wir leben zusammen so weit entfernt
Aus Gewohnheit noch beieinander
Aus unseren Fehlern nichts gelernt
Mit den Gedanken ganz woanders

Unsere Blicke begegnen sich nicht
Sie suchen ganz schnell das Weite
Gemeinsam sein verkommt zur Pflicht
Unsere Liebe ist verdammt zu scheitern

Was übrig bleibt ist nur Fassade
Eine Lebenslüge ohne Gefühl
Aufzugeben will niemand wagen
Zuviel Material steht auf dem Spiel

Allein zu sein in Unzufriedenheit
Wie es dir geht dich niemand fragt
Während dein Herz nach Liebe schreit
Und niemand mehr etwas dazu sagt

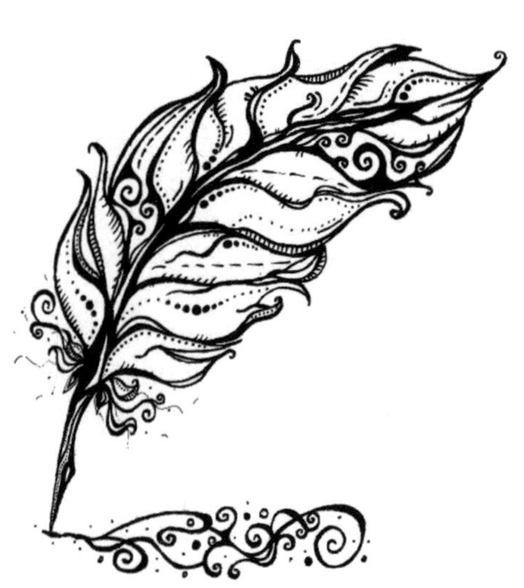

Daheim

Wir haben es uns angetan
Kein Auge mehr zugemacht
Uns Geliebt wie im Wahn
Immer wieder die ganze Nacht

Den Weg zu deinem Herzen gesucht
Mit Gefühl mich abgeschunden
Tief eingetaucht in deine Schlucht
Und dich gespürt all die Stunden

Alle Möglichkeiten ausprobiert
Jeden Quadratzentimeter erkundet
Wenn dich die blanke Lust regiert
Und dir all versuchtes mundet

Wenn du Lust hast alles zu teilen
Alles was so unglaublich Wertvoll ist
Um in Ihren Armen zu verweilen
Weil du liebst und glücklich bist

Wenn die Sehnsucht dich einnimmt
Und du dich in ihr verkriechst
Wenn sie deine Gedanken bestimmt
Und du dein Kind in ihren Augen siehst

Und deinen Sinn in ihr erkennst
Ohne sie nicht mehr willst sein
Und immer ihren Namen nennst
Bist du angekommen und daheim

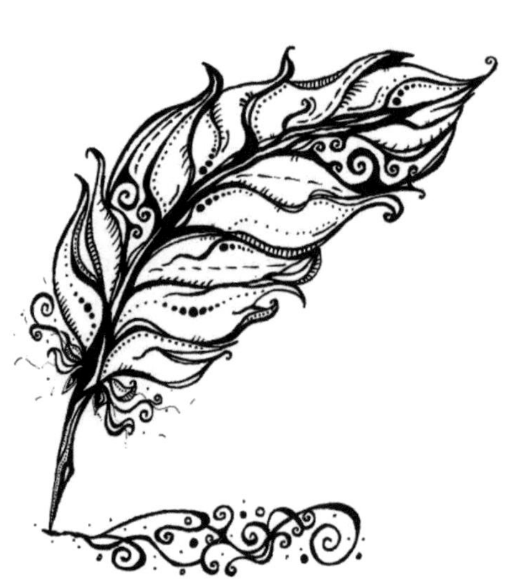

Wohin wird dieser Weg uns führen

Riskiere ich zu viel
Täuscht mich mein Gefühl
Wird mit mir gespielt
Gebe ich mir zu viel Mühe

Ob sich der Einsatz lohnt
Verlier ich wieder Zeit
Wird mein Herz geschont
Für die letzte Ewigkeit

Werde ich verletzt
Wird mein Herz betrogen
Wer bin ich für dich jetzt
Hast du mich schon belogen

Verliere ich den Halt
Hältst du mich dann fest
Werden wir zusammen alt
Oder wieder zutiefst verletzt

Sehen wir die Sterne
Bilden wir sie uns nur ein
Hast du mich wirklich gerne
Willst du nur nicht alleine sein

Bin ich deine Sicherheit
Kann ich dich berühren
Wo in dir die Sonne scheint
Wohin wird dieser Weg uns führen

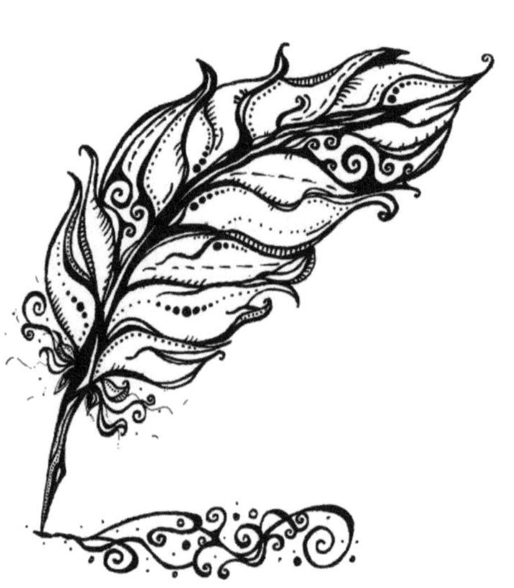

Ich bin dein Piano

Du kennst meine Tastatur
Die Töne die ich gerne höre
Nur Leidenschaft ist pur
Weil ich den Rest verpöne
Ich liebe deine zarte Hand
Streichele mich du schöne
Spill mich an die Wand
Benutze mich beschmutze mich
Entlocke mir die schönsten Töne
Hör nur nicht auf mich zu streicheln
Deine Finger die mir schmeicheln
Die meine Tastatur schlagen
Beantwortet alle meine Fragen
Zünde schnell die Kerze an
Und spiel auf mir ein Lied für dich
Ich hole dich ein irgendwann
Weil das Lied ist auch für mich
Weil wir Leidenschaft teilen
Innehalten und verweilen
Uns die Lust und Liebe geben
Weil wir für die Erfüllung leben
Weil es sich lohnt danach zu streben
Sich in der Liebe zu ergeben

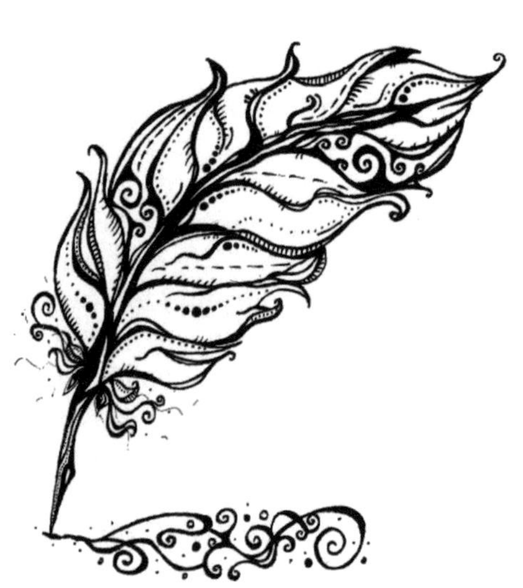

Der Baum

Der Baum hinter deinem Haus
Schaut so edel und kräftig aus
Er trotzt jedem schnellen Wind
Er trug mich auf der Schaukel als Kind

Er hat unser Baumhaus getragen
In dem wir unsere Sorgen verjagten
Von Ihm nach unten geschaut
Und seinen starken Ästen vertraut

Wir haben auf seinen Blättern geschlafen
Als wir uns zum Übernachten bei dir trafen
Mit den Taschenlampen in der Hand
Sind wir den Geistern hinterhergerannt

Wir haben jede freie Minute mit dir gespielt
Wir haben getobt sind geklettert haben gechillt
Manchmal bei dir ganze Tage verbracht
Geschichten erzählt und oft gelacht

Uns unsere Zukunft ausgedacht
Die tollsten Mädchen dahin gebracht
Unser erstes Date unser erster Kuss
Zusammengehalten bis zum Schluss

Doch auch ein Baum kann Trauer tragen
Er kann hässlich sein kann ich euch sagen
Wenn er seine Blätter an den Boden verschenkt
Wenn dein Freund sich auf ihm erhängt

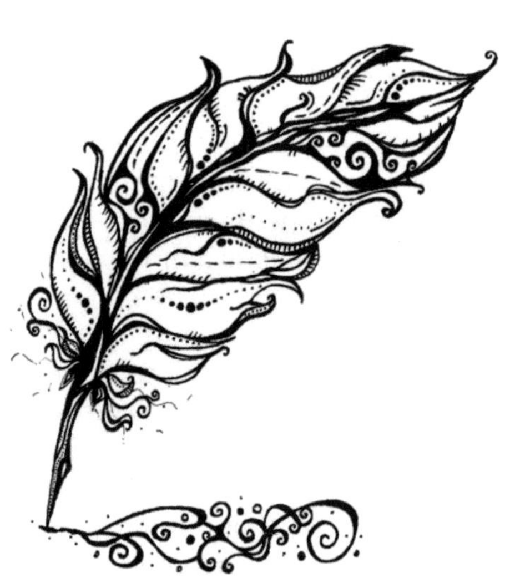

Verstehst du mich

Es ist mir egal was du von mir denkst
Dass du mich nicht magst nicht an mir hängst
Dass ich dich anscheinend störe
Meine Gedichte dich nicht betören

Du lebst in deiner kleinen Welt
Wo Gefühle ersetzt werden mit Geld
Wo jeder sich nur selbst belügt
Und außer Egoismus nur der Neid regiert

Verstehst du was ich zu dir sage
Du kannst meine Wörter kaum ertragen
Weil ich über Gefühle schreibe
Mir mit Liebe meine Zeit vertreibe

Du weist dass du ein Rindvieh bist
Dass das Leben mit Liebe verbunden ist
Weil die Zeit vergeht wie im Nu
Du Einfalt gibst es nur nicht zu

Bis du irgendwann vor dem Spiegel stehst
Und siehst dass du dich selber nicht mehr erträgst
Weil dein Verlangen nach Liebe überwiegt
Weil man mit Geld nicht alles kriegt

Verstehst du mich und was ich dir sagen will
Das Leben ist nur Lebenswert mit Gefühl
Weil nur Geld dich nicht zufrieden stellt
Und weder deine Seele noch dein Herz erhellt

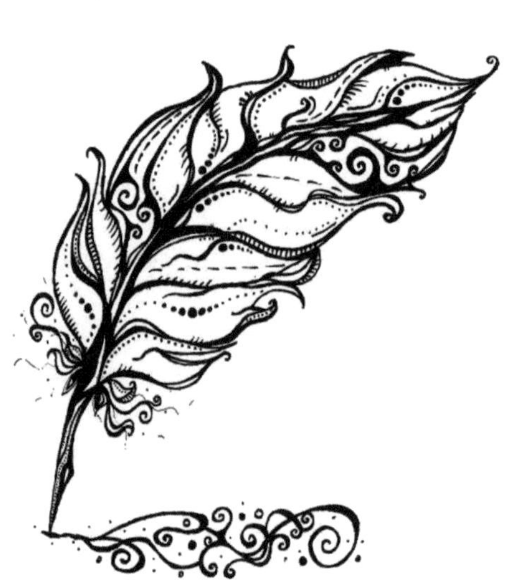

Stehst du mir zur Seite

Stehst du mir zur Seite
Wenn ich Melancholisch bin
Suchst du dann das Weite
Oder kommst du zu mir hin

Stehst du an meiner Seite
Wenn ich mich verirre
Oder siehst du etwas weiter
Lässt du mich dann deine Liebe spüren

Kann's du mir verzeihen
Wenn mein Herz fremd dir gegangen ist
Auch wenn ich es nicht bereue
Lässt du mich dann im Stich

Stehst du neben mir
Wenn ich Menschliche Wege gehe
Finde ich dann halt bei dir
Wenn ich dich kurz übersehe

Stehst du an meiner Seite
Wenn ich dich dringend brauche
Wenn der Teufel mich dann leitet
Ich in der Hölle untertauche

Kann's du mich verstehen
Wenn Instinkte mich regieren
Wenn ich mich kurz versehe
Werde ich dich dann verlieren

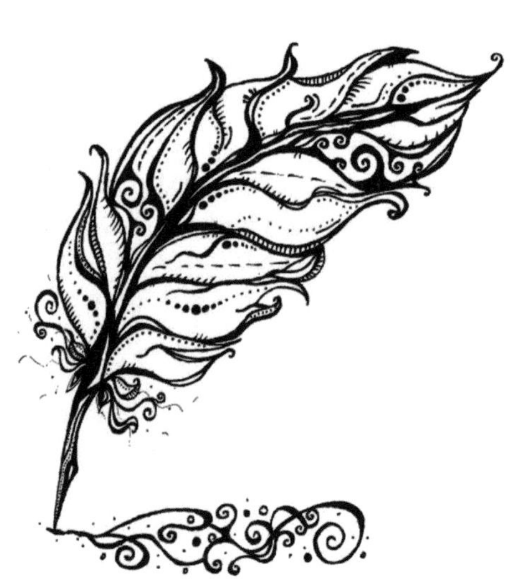

Du bist der Kelch meines Lebens

Du bist meine Abenteuerreise
Ich habe dich vor langer Zeit gebucht
Unglaublich Wertvoll auf deine Weise
Sowie ein Schatz den jeder sucht

Ich schlage mich durch das Gebüsch deiner Gedanken
Auf der Suche nach dem Weg zu dir
Überwinde jedes Hindernis und alle Schranken
Bis ich den Weg gefunden habe bis zu deiner Tür

Machst du mir auf wird der Schlüssel passen
Oder hat mich mein Sinn in die Irre geführt
Werde ich dich irgendwann wieder verlassen
Oder bist du die welche mein Herz berührt

Bist du der Kelch meines Lebens
Meine Herausforderung an jedem Tag
Das Ziel und die Hoffnung meines Strebens
Bist du meine Erfüllung die ich so mag

Bist du die Erfüllung aller meiner Träume
Ich dein Glorreicher Held in jeder Nacht
Mit dem Gefühl nichts mehr zu versäumen
Wenn deine Liebe über mich Wacht

Wenn deine Nähe in mir Geister erwecken
An die ich in meinem Leben nie Gedacht
Wenn deine Arme sich nach mir strecken
Wenn unsere Liebe uns glücklich macht

Wenn ich vor Sehnsucht fast eingehe
Weil mein Herz sich nach dir sehnt
Wenn ich in deinen Augen die Liebe sehe
Weiß ich dass es dir genau so geht

Bist du der Kelch meines Lebens
Meine Herausforderung an jedem Tag
Das Ziel und die Hoffnung meines Strebens
Bist du meine Erfüllung die ich so mag

Im Gebüsch des Lebens

Ich weis wer du bist
Wie du denkst und was du fühlst
Was du so vermisst
Was du dir von Herzen wünschst
Nach was du dich sehnst
Du hast genug nur davon zu träumen
Wenn dich deine Sehnsucht quält
Weil du Angst hast etwas zu versäumen

Du stellst dich selber in Frage
Deshalb findest du die Antwort nicht
Du kannst die Antwort kaum ertragen
Wischst dir die Tränen aus dem Gesicht
Während die Zeit keine Wunden heilt
Und auf dich keine Rücksicht nimmt
Wenn es dir auf die Seele schneit
Wenn du immer ein Opfer bringst

Flüchtest du dich in eine andere Welt
Damit ist ja nichts verbrochen
Während der Kalender die Tage zählt
Wird dir so manche Lüge versprochen
Am Ende wirst du nur ausgenutzt
Für die Mühe nicht respektiert
Irgendwann fühlst du dich unbeschützt
Wenn dein Herz erkältet und gefriert

Wenn du nicht mehr du selber bist
Was ist dann der Grund zum Überleben
Wenn du was du bist vergisst
Was kannst du dann von Herzen geben
Wenn dich die Traurigkeit regiert
Und nur der Hund dich trösten kann
Wer hat sich nicht schon mal verirrt
Im Gebüsch des Lebens irgendwann

Und wenn du mich berührst

Ich liebe es dir zu erzählen
Ich beschreibe dir meine Träume
Du kannst dir deinen auswählen
Ohne das Geringste zu versäumen

Weil ich immer mit dir denke
Fließen deine Sehnsüchte mit ein
Weil wir uns diese Gefühle schenken
Können wir niemals alleine sein

Du hast diese gewisse Art und Weise
Mich zu nehmen mit mir umzugehen
Du sprichst nie zu laut und manchmal leise
Lässt mich meine Welt mit deinen Augen sehen

Und wenn du mich berührst
Wenn wir zusammen schweben
Wenn ich deine Wollust spüre
Erkenne ich den Sinn vom Leben

Ich tanke einfach neue Kraft in dir
Du bist die Quelle meines seins
Verschmilzt zu einem Teil von mir
Wie die Sonne welche auf mich scheint

Es ist unsere Geschichte die ich schreibe
Welche mein Leben zum Abenteuer macht
Weil ich mit dir meine Geister vertreibe
Weil deine Liebe stets mein Herz bewacht

Unser Fundament beruht auf vertrauen
Welcher jeden Sturm überlebt
Und wenn ich in deine Augen schaue
Sehe ich dass es dir genauso geht

Und wenn du mich berührst...

Du riechst nach Liebe

Ich liebe es dich zu betrachten
Deine Nähe macht mich verrückt
Es waren Götter die dich machten
Jede Einzelheit ist bei dir geglückt

Als hätte ich dich vorher beschrieben
Was mir wirklich wichtig ist
Das ist keineswegs übertrieben
Ich bin heilfroh dass du bei mir bist

Du erweckst in mir eine andere Seite
Die habe ich vorher noch nie gekannt
Ich lasse mich nur noch von Gefühlen leiten
Und bin stets auf das Resultat gespannt

Es ist so schön neben dir aufzuwachen
Du bist mein erster Gedanke von jedem Tag
Du bringst mich permanent zum lachen
Es ist deine Frohnatur die ich so mag

An deiner Seite durch das Leben zu gehen
Befreit mich von all meinen Sorgen
Was ich auch sage du kannst mich verstehen
An deiner Schulter fühle ich mich geborgen

Manchmal will ich mich bei dir verstecken
Wie ein kleines Kind das sich verkriecht
In deinem Körper und deinem Becken
In deinem Wesen das nach Liebe riecht

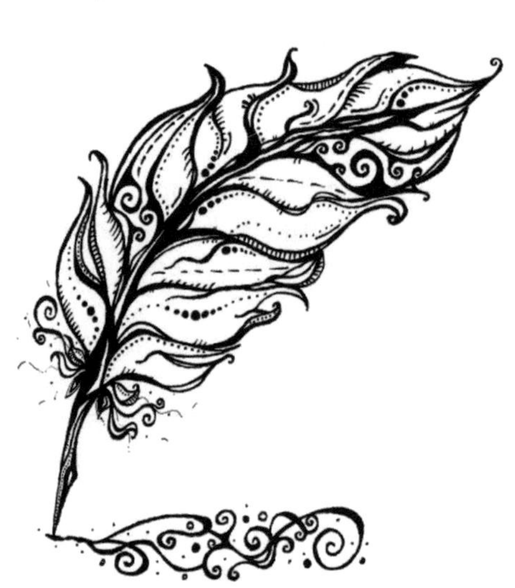

Nathalie Schleich

Es gibt Menschen die kreuzen deinen Weg und
man weiß vom ersten Augenblick dass diese
Person ein verborgenes Talent besitzt und eine
Bereicherung ist für dein Leben.

So erging es mir mit Dir mein Freund.
Du hast von deinem großen Traum erzählt und
den damit verbundenen Ängsten und Zweifeln.
Du hast zum Glück auf deine innere Stimme gehört,
all deinen Mut zusammen genommen und den
ersten Schritt gewagt.
Deine Geduld und dein Mut wurden belohnt, tausende
von Menschen haben Dich in ihr Herz geschlossen
und freuen sich über jede Zeile von deinen wunder-
vollen Gedichten. Poesie hat mich vorher nicht berührt,
doch durch deine Werke und diese Kunst mit den
Wörtern zu spielen, bin ich ein begeisterter Poesie
Freund geworden. Ich würde diesen Weg jederzeit
wieder mit Dir bestreiten. Deine Poesie wurde zu
einem Grundstein unserer guten Freundschaft,
welche ich nicht mehr missen möchte.

Schlusswort

Liebe Leser,

Im Schlusswort möchte ich die Gelegenheit nutzen mich zu bedanken.

Ich bedanke mich bei meinen Kindern Shana und Yannick die mich sehr unterstützt haben und sogleich auch meine ersten Kritiker waren.

Meiner Partnerin Josiane Berg danke ich für den nötigen Freiraum, für sehr viel Inspiration sowie für Ihre liebevolle Hilfe bei der Zusammenstellung des gesamten Buches.

Vielen Dank an Eric Mangen welcher ganz spontan die Poetenfeder gemalt und mir geschenkt hat.

Ich bedanke mich sehr bei Maité Zeimet für die Grafik der Begleitfeder sowie bei Ihrem Vater John Zeimet für die freundschaftliche Unterstützung.

Ein besonderen Dank an ;
Théa Peschon-Colbach (Malerin)
Nico Bouché (NIBO, Maler)
Rom Lammar (Künstler, Maler)
Jeff Huber (Freund und Arbeitskollege)
Natahlie Schleich (Freundin, stellvertretend
für die Internetgemeinschaft)
welche sich spontan bereit erklärten sich zu meiner
Person und Poesie zu äußern.

Vielen Dank an alle Leser meiner Internetseite, die
abertausenden Likes und Kommentare die mich
motiviert haben und der Anfang dieses Werkes darstellt.

Schlussendlich liegt der Ursprung all meines Schreibens
in der Sehnsucht nach Gefühl und Menschlichkeit. Ich bin
froh diesen Schritt gewagt zu haben, weil ich vielen
Menschen begegnet bin die genau wie ich empfinden.
Menschlichkeit soll immer an erster Stelle stehen.

Vielen Dank für Ihr Interesse.

Liebe Grüße

Rosch Peiffer
De Poet